KB102215

독특하고 재미있는
문화유산 이야기

독특하고 재미있는
문화유산 이야기 下

ⓒ 이희득, 2024

초판 1쇄 발행 2024년 4월 8일

지은이   이희득
펴낸이   이기봉
편집   좋은땅 편집팀
펴낸곳   도서출판 좋은땅
주소   서울특별시 마포구 양화로12길 26 지월드빌딩 (서교동 395-7)
전화   02)374-8616~7
팩스   02)374-8614
이메일   gworldbook@naver.com
홈페이지 www.g-world.co.kr

ISBN   979-11-388-2915-1 (03910)

이희득 지음

독특하고 재미있는

문화유산 이야기

下

문화유산은 오랜 시간에 걸쳐 살아온 흔적이고,
그 시대의 産物인 것이다.

좋은땅

글을 쓰면서

책이라는 것은 재미도 있어야 하지만, 주제도 있어야 한다. 『하마비를 찾아서』와 『한국의 철비』 시리즈는 주제성은 강하지만, 재미는 없는 책이 었다. 그리고 어떤 분에게 하마비나 철비에 관련된 일화가 없어 책이 재미없다는 이야기도 들었지만 그러한 소재를 찾으려고 해도 없기에 碑에 관한 글만 쓴 것을 알아주기 바란다.

필자가 생각하고, 추구하는 방향으로 책을 만들어 보자는 생각은 오래 전부터 있었다. 그래서 불상이나, 석탑은 주제성은 강하고, 많이 알려진 것이라 그에 대한 공부만 하였다. 여러 곳을 답사하면서 이러한 문화유산은 일반인들이나, 문화유산을 공부한 사람들이 관심이 덜하면서, 재미있는 소재를 찾아 글을 써 보면 재미있을 것 같았다. 전국 곳곳을 다니면서 그러한 소재를 찾아다니다 보니, 그에 필요한 자료가 축적된 같아 글을 쓰고 책으로 엮었다.

上권과 中권의 작업이 끝나고 이제 마지막으로 下권의 글을 쓰니 오랫동안 답사를 하면서 연구하고, 자료를 축적한 것이 커다란 보람으로 여겨진다. 앞으로 더 많은 답사를 하여 자료를 축적하고, 연구는 계속되겠지만, 시간과 부대 비용이 만만치 않게 들 것으로 생각된다. 인생을 살면서 뜻깊은 일을 한다는 생각으로 해야 하고, 내가 좋아하는 일을 한다는 것

4   독특하고 재미있는 문화유산 이야기 下

으로 여기면서 더 노력해야 한다.

이제 上, 中, 下 중에 下권을 마무리하면서 어려운 점도 있었지만, 글을 쓰면서 막히는 부분이 있었을 것이었다. 그러한 부분을 감수하면서 글을 마무리한다.

上권은 머리가 돌아간 귀부가 중심이었고, 中권은 물고기와 토끼, 거북이 중심이 된 글이었다. 下권은 하늘을 나는 새를 중심으로 글을 쓴다. 하늘을 나는 새를 표현한 것과 上권과 中권에 누락한 것, 그리고 기타의 자료를 가지고 채워 마무리할 예정이다.

책이 많이 읽혀지지 않는 시대라 하지만, 그러한 것을 감안하고, 필자가 생각하고 추구하는 것이 녹아 책이 되도록 노력하여 마무리한다.

2023년 8월 22일

玉山 이희득

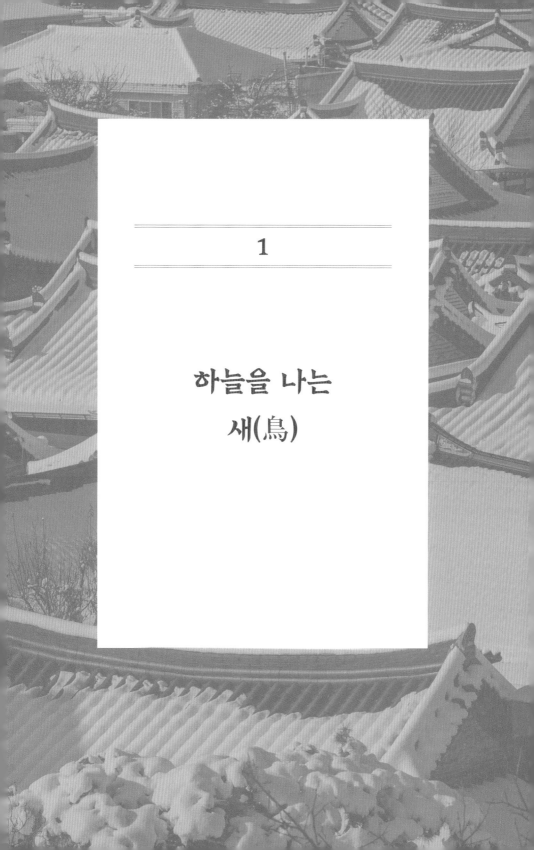

1

하늘을 나는
새(鳥)

하늘을 나는 새는 인간에게는 동경의 대상이었다. 옛날 사람들은 높이 있는 것과 신성한 것을 동일시했고, 하늘을 숭배의 대상과 두려움을 대상으로 여겼다. 그러므로 하늘에 있는 태양과 달, 별이 신화의 神的 대상이 되었다.

하늘을 날고 있는 새라는 존재는 하늘에 다가갈 수 있는 유일한 대상으로 생각되고 숭배되었다. 그래서 많은 새들이 신격화되기도 했다. 잘 알려진 피닉스를 비롯하여 로크, 가루다, 호루스가 그 예이다. 독수리와 매는 고대 이집트 이래로 수천 년 동안 유럽 문화권에서 특권층의 상징이었다.

앞에서 설명한 것들이 문화유산 속에 남아 있어, 사진 촬영을 하였다. 먼저 소개하는 삼족오이다. 삼족오는 일오(日烏)라 하며, 태양 속에 사는 까마귀를 말한다. 검은색 새인 삼족오는 고구려 고분 벽화에 많이 보인다. 삼족오는 하늘의 뜻을 지상에 전하는 새로 알려져 있으며, 태양은 분신으로 여겼다. 이러한 사상이 우리 민족의 오랫동안 전해져 왔기에 왕실과 사대부 등에 전승되었다고 생각된다.

첫 번째로 삼족오를 소개한다.

① 남양주 박운 묘비 삼족오

그림 1. 남양주 박운 묘비 삼족오

박운 묘비는 上권에서 소개하였듯이 경기도 북부를 답사를 하고 나서, 울산으로 내려오는 길에 잠시 들러 사진을 촬영하였다.

비음은 옥토끼가 있고 비양에는 삼족오를 새겼는데, 햇빛이 잘 드는 때라 선명하게 삼족오가 보인다. 삼족오는 태양을 상징하듯 원형의 線 안에 나르는 모습이 아주 아름답게 보인다. 비양의 전체가 하얗게 되어 있어 검은색의 삼족오가 아닌 것으로 생각될 수 있다. 새라는 존재는 발이 두 개인데, 삼족오는 발이 세 개여서 독특한 의미가 있다고 생각한다.

화문형 구름 속에 날아가고 있는 모습의 삼족오는 다른 곳과는 차별적인 요소도 보인다. 비수는 방형이고, 중간 부분의 원형은 태양을 상징하지만, 삼족오는 단순하게 되어 있다. 나는 새의 특징인 날개의 깃털은 단순하게 표현되어 있어, 세밀한 느낌은 덜하다.

박운은 조선 전기 문신으로 자는 경숙, 본관은 순천이다. 아버지는 평성부원군 무열공 박원종, 어머니는 계비 정경부인 창녕 성씨로 첨지 성준의 딸이다. 아버지 박원종은 중종반정 공신인데 영의정까지 역임하였다. 적자인 박운이 많은 재산을 물려받았기에, 묘역이나 묘비가 아름답게 장식된 것으로 생각된다.

② 남양주 변안렬 신도비 삼족오

그림 2. 남양주 변안렬 신도비 삼족오

변안렬 신도비는 남양주 답사를 마치고, 경기 북부로 가는 중 생각이 나 보고 온 碑이다.

묘역 입구 비각 내부에 있는 신도비는 비음은 옥토끼를 새겼으며, 비양에는 삼족오가 있다. 碑首는 원형으로 삼족오는 상부에 있다. 화문형 구름들이 아래에 조식되어 있고, 그 위로 圓 내부의 삼족오는 훨훨 나는 느

독특하고 재미있는 문화유산 이야기 下

낌이 난다. 부리와 날개의 깃 윤곽이 완연히 보이기에 앞으로 나아가는 형상이 잘 표현되었다.

변안렬은 원주변씨(邊氏)의 시조이다. 호는 대은(大隱). 원래 원나라 선양 출신이나, 원나라 말년의 병란 때 공민왕을 따라 고려로 왔다는 기록이 보인다.

③ 성남 이곤 묘비 삼족오

그림 3. 성남 이곤 묘비 삼족오 1

성남에 있는 이곤의 묘를 보기 위해 판교에 있는 박물관에 들리고 나서, 이곤의 묘를 찾아갔다. 이곤의 묘는 아파트 단지 뒷산에 있어, 부근에 차를 주차하고 15여 분 정도 걸어서 찾아간 곳이다.

이곤의 묘는 연안이씨 묘역 상부에 있으며, 묘비에 삼족오를 표현하였는데, 앞에서 본 2개의 삼족오와 차이를 보이고 있다.

그림 4. 성남 이곤 묘비 삼족오 2

　박운 묘비, 변안렬 신도비는 삼족오와 비음에 옥토끼가 있으나, 성남 이곤의 묘비 비음에는 옥토끼가 없고 역동적인 구름무늬가 보인다. 시기적으로는 변안렬[1]이 시대가 앞서는 인물이지만, 삼족의 표현은 이곤의 묘비에 남아 있는 비석의 삼족오가 제일 앞선 것이다.

　이곤은 노비에 의해 독살을 당했다는 기록이 실록에 남아 있다. 묘비에 새겨진 삼족오나 아름다운 구름무늬가 억울함을 보상하지 않을까 하는

---

1)　삼족오의 무늬가 기록적으로는 이곤이 1524년, 박운이 1539년, 변안렬이 1571년에 새겨졌다.

생각도 든다.

④ 원주 법천사지 지광국사 탑비 삼족오

원주 법천사지는 설 연휴에 원주에 고속버스를 타고 올라갔는데, 원주 시내에 있는 문화유산을 답사하고, 시외에는 어떠한 문화유산이 있냐고 관광안내소에 물었더니 법천사지가 괜찮다고 하여 택시를 타고 갔다 왔다. 왕복

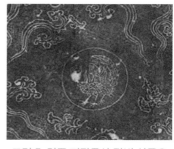

그림 5. 원주 지광국사 탑비 삼족오

택시비 12만 원이 나오니 택시기사님이 대체 뭐하는 분이냐고 묻기에 간단히 답을 한 기억이 있다.

원주에 있는 지광국사 현묘탑비에 보이는 삼족오는 碑 상부에 있다. 상부에는 새 4마리와 옥토끼, 용화수가 있어 지광국사에 대한 예우로 생각된다. 조각이 섬세하고 아름답게 되어 있어 누구든지 감탄을 자아낸다.

삼족오는 碑 상부의 오른편에 있으며, 線刻으로 처리되었다. 날아가는 모습은 아니고 날개를 힘껏 펼쳐 도도한 자태를 보인다. 고구려부터 내려온 삼족오가 고려 시대에도 청자, 탑비 등에도 보이는 것은 우리 민족이 天孫임을 상징하는 것으로 생각된다.

⑤ 포천 이국주 묘비 삼족오

포천에 있는 조선 초의 인물인 이국주 묘비는 삼족오에 포함시켜야 할

그림 6. 포천 이국주 묘비 삼족오 1

지 많이 망설였다. 삼족오라는 것은 새의 다리가 세 개인 것인데[2] 이국주 묘비에는 새가 표현되었지만, 다리는 보이지 않기에 망설인 것이다.

이국주 묘비의 비양에는 태양을 표현한 원형이 있고 그 앞으로 새가 날아가는 형상인데, 다리가 구름 속에 숨어 있다. 이국주 墓碑에 보이는 삼족오는 앞에 나열한 것과 달리 向 우측으로 날아가는 형상이 보인다. 이국주의 묘비에는 삼족오는 비양에 있고, 비음은 초승달이 표현되었는데 구름은 화문형이다.

그림 7. 포천 이국주 묘비 삼족오 2

---

2) 이국주 묘비의 새는 필자 외에는 삼족오로 보는 시각이 있다.

독특하고 재미있는 문화유산 이야기 下

이국주 묘는 골프장 내에 있어 쉽게 가기는 어렵지만, 골프장 사무실에 말하면 안내를 잘해 준다. 5개의 삼족오는 비석에만 있는 것이지만, 불화와 청자 등 여러 곳에서 보인다. 이러한 것은 고유의 사상이 잊히지 않고 계속 전승되었기 때문인 것으로 생각된다.

⑥ 기림사 관세음보살 42手 삼족오

그림 8. 관세음보살 42手 삼족오-기림사 관음전

천수천안관세음은 천비천안관음·대비관음이라고도 한다. 수많은 손과 눈으로 무한한 자비를 베풀기 때문이다. 일체 중생을 제도하는 관세음보살의 대자대비가 가장 상징적으로 표현된 보살로서 대표적인 관세음보살의 화신이다. 관세음보살의 천수(千手)에는 많은 지물을 지니고 있으나, 삼족오가 있다는 생각은 하지 않았다.

관세음보살에 관한 책과 필자가 촬영한 사진을 보니 옥토끼가 보였다. 옥토끼는 달을 상징하는 것이기에, 태양이나 삼족오가 있을 것으로 생각하여 찾아보니 있었다. 삼족오는 관세음보살 중단 지물에 있으며 태양 같은 圓 안에 날아오를 듯 표현되었다.

천수천안관세음보살의 지물에 삼족오와 옥토끼가 있으니 우주가 멀리 있지 않고, 우리 가까운데 있음을 알려 주는 느낌이다. 금빛 찬란한 몸에 삼족오를 지녔으니, 태양을 우주에서 땅으로 내려오게 하였다는 생각이 든다.

두 번째는 두 마리 새의 표현이다.

⑦ 포항 흥해군수 유응환 碑

봉황(鳳凰)은 전설의 새이다. 봉황이 나타나면 천하가 크게 태평하다고 하며 닭의 머리, 뱀의 목, 제비의 턱, 거북의 등, 물고기의 꼬리를 갖추고 오색의 깃털을 가졌으며, 오음의 소리를 낸다고 전해진다.

남한에 남아 있는 벼슬아치들의 선정불망비 중에는 다양한 문양이 있지만, 봉황이 있는 것은 처음 보는 문양이다. 포항 권무정에는 있는 유응환 군수의 선정비에 문양은 다른 곳의 碑와 다르게 단순한 봉황이 새겨져 있다.

봉황의 표현은 아름답게 화려하게 표현하는 것이 일반적인데, 여기는 단순하게 浮彫 형식으로 되었다. 봉황은 그림이나 기와, 도자기에 자주 표현되지만, 비음에 새긴 것은 의외의 결과로 보인다.

그림 9. 흥해군수 유응환 碑

　흥해군수 유응환은 1829년 흥해군수에 임명되어 부역을 없애고, 세금을 덜어 주는 등 어진 정치를 하여, 그 당시 흥해 군민들이 태평스런 시기를 지냈기에, 비음에 봉황이 새겨진 것으로 해석된다.

⑧ 성주목사 윤자일 철비 쌍조(雙鳥)

　성주에 있는 윤자일 목사의 선정불망비는 鐵로 만든 碑이다. 성주는 답사를 갈 때 하마비에 중점을 두고 향교를 방문하였는데, 하마비 촬영을 하고 나오면서 비석들을 보고 사진 촬영을 하였다. 그 당시는 하마비에 관심을 많이 두었기에 자세히 보지 않고 사진 촬영만 하였는데, 다시 철비를 보러 가니 비석들을 옮긴다고 하여 볼 수 없었다. 3년이 지난 후에 다시 가서 철비를 촬영하였는데, 답사를 몇 번 갔는지 모를 일이다. 생각

그림 10. 성주목사 윤자일 鐵 선정비 쌍조

하면 답사는 기다림이다. 공사도 하고, 이전도 하고, 여러 가지 변수가 있기에 한 번에 정리가 되지 않는다.

그리고 철비 碑陽에 있는 쌍조는 龍의 문양 때문에 인지를 못 하다가, 성주 향교 앞에 있던 비석들이 성주역시테마공원으로 이전하였다는 소식을 듣고, 철비를 재촬영하는 과정에서 새의 문양을 보았다.

쌍용의 문양 때문에 자세히 보지 않으면 새인지 아니면 龍의 이빨인지 구분이 안 된다. 새의 문양을 보면 얼굴을 마주 보고 있기에, 필자의 눈에는 자주 보는 참새로 생각되지만 철로 만들다 보니 자세한 표현이 어려워 원앙이나 기러기 등의 새일 수도 있다.

윤자일 목사는 성주에 1년간 재임하였는데, 창고를 덜고, 노인을 우대하고, 부역을 줄였다는 내용이 선정비의 명문이 새겨져 있기에, 鐵로 만든 碑와 문양이 다른 곳의 碑와 달리 쌍용과 쌍조, 비음에 태극무늬가 있는 것으로 풀이된다.

독특하고 재미있는 문화유산 이야기 下

⑨ 칠곡 관찰사 이담명 碑

그림 11. 칠곡 관찰사 이담명 선정비 쌍조

관찰사 이담명의 영사비(永思碑)는 볼 때마다 독특하다는 느낌이 많이 든다.

비양에 무늬를 보면 방형의 碑首에 상단에 마주 보는 새가 있고, 그 아래로는 여의주를 두고 쌍용이 마주 보고 있다. 그 아래로는 龍의 발이 있으며, 쑥대머리를 한 사람 얼굴이 보이고, 그 아래는 물고기가 마주 보고 있다. 관찰사 선정비는 총 높이가 260cm이다. 일반적으로 碑首에는 쌍용을 조각하지만, 이담명 관찰사 碑는 틈이 없고, 다양하고 해학적인 문양이 부조되어 있다.

조선 후기 관찰사는 순력보다는 유영 체제인데, 지리적으로 가까운 칠곡군에 백성의 소리를 자주 들을 수 있었고, 어려움을 많이 해결해 주어 영사비(永思碑)가 세워진 것으로 풀이된다.

비양에는 많은 문양이 있지만 비음에는 없다. 비신에는 이담명 관찰사 선정에 대한 이야기가 자세히 있지만, 이 碑는 공의 死後에 세워진 것이다. 死後에 碑는 타루비가 많은데 여기는 영사비로 지칭되어 있다.

『독특하고 재미있는 문화유산 이야기』上, 中권에도 이 碑는 소개하였다. 제일 많이 언급할 정도이니 비석의 가치만큼 문양도 소중하게 생각한다.

⑩ 남양주 김상준 신도비 쌍조

김상준 신도비를 보러 가는데 입구에 이정표를 보고 動線을 생각하고 있었다. 마침 동네 주민이 나오기에 길을 물으니 산에는 돼지 막사와, 개를 풀어놓았다 한다. 여름이라 뱀도 무섭지만 멀리서 답사를 왔는데 그냥 갈 수 없다 하여 산을 올랐다. 낮은 산이지만, 풀도 많고 벌레도 있지만 오

그림 12. 김상준 신도비 전면

르니 다행히 개, 돼지는 묶여 있었다.

울산에서 경기도 답사는 당일치기가 어렵다. 갈 때는 즐거운 마음으로 가지만, 집으로 돌아오는 길은 피로와 장거리 운전의 위험성이 항상 내포되어 있어 그렇다. 특히 묘지 답사는 겨울이 좋지만 일조 시간이 여름보다 짧기에, 관찰 시간이 많지 않은 어려움이 존재한다.

신도비에는 대부분 쌍용이 조각되는데, 김상준의 신도비는 전면과 뒷면에도 鶴이 날개를 활짝 펴고 비행하는 모습이 보인다.

그림 13. 김상준 신도비 뒷면

떠오르는 태양 아래 화문형 구름이 빽빽하게 표현되었다. 鶴은 두 마리가 일직선상이 아니고 어긋나게 날아가는 모습을 표현하였다. 깃털의 표현도 자세히 보면 보이고, 긴 목이나 다리도 잘 표현되었다. 전체적으로 마모 현상이 많이 보이지만, 약 400년 흘렀지만 보존이 잘되어 있다. 신도비에 나타나는 문양은 쌍용이나 삼족오, 日陽文이 많이 보이지만, 비수의 앞면과 뒷면에 쌍학이 나오는 것은 거의 드문 예이다. 김상준의 신도비는 이러한 독특함을 가지고 있으며, 달이 구름 속에서 숨은 모습과 쌍학이 빽빽한 무늬 속에 힘차게 비행하는 모습이 새겨져 있다.

앞면에는 쌍학이 어긋나게 비행하지만 뒷면은 좌우가 일직선으로 표현되었다. 그리고 向 우측의 鶴은 문양이 제대로 보이지만, 向 좌측의 문양은 거의 보이지 않는다. 야외에 신도비가 있다 보니 관리의 부실과 세월에 의한 마멸의 흔적으로 보인다. 신도비의 문양이 박락이 일어나고 있으니 적절한 조치가 있어야 할 것으로 생각된다.

鶴이 네 마리라는 것은 난생 설화 등이 결합된 것으로 생각되며, 김상준仙人이 되었다는 것을 강조한다고 생각된다. 전면의 태양은 삼족오의 다른 표현이고, 뒷면의 달은 옥토끼의 다른 표현으로 생각된다. 비수는 다양한 표현이 많지만 쌍학이 4마리가 있는 신도비는 여러 가지로 해석되지만, 사람마다 다른 의견이 있을 수 있다. 필자는 鶴으로 보았지만, 삼족오의 변이나 玄鳥로 보는 시각도 있다.

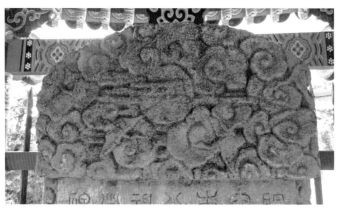

그림 14. 연성부원군 이정화 신도비 비음

독특하고 재미있는 문화유산 이야기 下

앞에 보이는 김상준 신도비와 비슷한 문양의 碑로는 경기도 고양시에 있는 연성부원군 이정화 신도비가 있다.

碑首의 전체적인 크기나 모양은 조금 차이가 있으나, 碑首에 새겨진 문양은 큰 차이를 보이지 않고 있다. 비음에 보이는 달은 가운데 있으며, 그 아래로 비행하는 鶴의 모습이 김상준 신도비와 흡사하다. 이정화의 신도비의 건립 시기는 1626년이며, 김상준의 신도비 건립은 1635년 전후이기에 그렇게 생각한다. 시대적으로[3]는 활동 시기가 차이가 나지만 신도비를 만든 시기가 비슷하여 동일 장인 집단의 작품으로 생각되는 것이다.

이와 같이 비슷하게 만들었기에 이와 비슷한 신도비가 어디엔가 있을 것으로 생각된다. 김상준의 비양은 비음과 비슷하게 만들어졌으나, 이정화의 신도비[4]의 비양은 일반적으로 보이는 쌍용으로 꾸며져 있었다. 다만 김상준의 신도비가 더 짜임새 있고 화려하게 보인다. 경기도 고양에 있는 이정화 신도비는 고령에 계신 정이환 선생께서 사진을 제공하셨다.

⑪ 진양강씨 묘비 쌍조

진양강씨 묘비의 쌍학은 처음부터 인지한 것은 아니었다. 강씨부인 묘나 夫君의 묘에 보이는 망주석에 관심이 더 있었다. 필자의 단독 답사 이후 문화유산 답사단과 같이 가서 묘비를 살피던 중에 鶴이 있는 것을 알았다.

여성의 묘비에 鶴은 보이고, 남편의 묘비는 없는 것은 부인의 명문가이

---

3) 이정화(1520~1558년)과 김상준(1561~1635년)의 활동 시기는 77년이나 차이가 난다.
4) 경기도 고양에 있는 이정화의 신도비도 쌍조의 작례이기에 개별 문단으로 작성해야 하나 필자의 재량으로 김상준 비에 포함시켜 글을 썼다.

그림 15. 진양강씨 묘비 쌍학 1

기 때문인 것으로 보는 시각도 있다. 맞는다고 할 수는 없지만 다양한 시
각으로 보는 마음도 가져야 할 것으로 생각된다.

鶴은 목을 길게 뻗은 형태로 조식되었으며, 뒷면에는 상부에 龍을 새겼
다. 龍 문양은 비양에 보이는 것이 묘비나, 신도비에 보이는 것이 필자의
개념이었다. 그러나 여기는 비양에 鶴, 비음에 龍을 새겨 우리가 아는 일
반적인 개념을 깨뜨리고 있다.

여기의 묘역은 화려한 석조물이 눈이 띄며, 상석, 사자좌, 龍 문양은 다
른 곳과 많이 다르게 조식되어 있다. 이채롭다는 말보다는 정성과 그 당
시의 재력이 과시된 것으로 생각된다. 여성의 묘가 화려한 것은 아마 남
편은 이 지역에 처음으로 입향하여 기반이 없었고, 명문가 자손이었던 부
인이 이 지역에 오랫동안 자리 잡은 관계인 것으로 보인다.

다른 한편으로는 묘비를 조성한 16세기 初이기에, 아직 조선의 이념인
남존여비 사상이 덜 여문 것도 있을 것으로 생각된다.

그림 16. 진양강씨 묘비 쌍학 2

1. 하늘을 나는 새(鳥)

⑫ 금산사 소요당대사 혜감 碑 봉황

그림 17. 금산사 소요당대사 탑비 부도전(화살표는 봉황이 있는 곳이다)

금산사 부도전에 있는 혜덕왕사 탑비의 귀부는 용머리가 선명하고, 수염은 아래로 표현되었기에, 금산사 부도전에 가면 항상 보는 것이다. 혜덕왕사 탑비 사진을 촬영하고, 옆에 있는 비석에 무엇인가 살펴보니, 글씨를 쓴 사람이 백헌 이경석이었다. 성남에 있는 이경석의 묘도 보고 온 기억이 있기에 그 碑를 자세히 연구하여 보니 소요당대사 탑비이었다.

그림 18. 금산사 소요당대사 탑비 봉황

『백헌문집』에는 소요당대사 탑비에 글이 보이지 않아, 어떤 내용인지는
알아내지 못하였다. 그러나 『동주집』[5]에는 소요법능대사 비명이 보인다.
간단하게 발췌하여 본다.

"법사는 늘그막에 덕을 성취하여 총림(叢林)의 존경을 받았으므
로, 원근(遠近)에서 법사를 숭모하여 귀의하는 자가 날로 더욱 많
아졌다. 승려들이 모여들어 그 숫자가 항상 수천을 헤아리니, 산
문(山門)이 시끌벅적한 저잣거리 같았다. 법사는 정법(正法)의 눈
으로 자비와 지혜를 운용하였으니, 몇 번이나 혀끝과 붓을 썼으
랴. 곧장 불이법문(不二法門)을 가리키니, 실로 중생을 건네줄 뗏

5) 동주 이민구(1589-1670): 본관은 전주(全州), 자는 자시(子時), 호는 동주(東州)·관해
    (觀海). 신당부수(神堂副守)이다.

목이며 법문의 동량이었다.⁶⁾

　앞과 같은 내용으로 인해 필자는 봉황이 새겨진 것으로 보았다. 비록 글
쓴이는 다르나 백헌 선생이나 동주 선생의 소요당대사에 대한 마음은 같
을 것으로 생각된다.

　봉황은 碑의 아래 부분에 있는데, 하늘을 나는 새를 碑 아래에 표현한
것으로 마음에 들지 않는다. 碑 상단에 표현하였으면 더 좋았을 것을 하
는 마음은 아직도 든다. 向 우측의 봉황은 머리를 하늘로 향해 날아가는
모습이고, 向 좌측은 정면으로 날아가는 형태이다. 좌우의 구름과 입에
물린 여의주는 소요당대사 탑비의 아름다움을 가중시키는 느낌이 든다.
비석의 조각된 수준을 보아서는 채색이 되었을 것으로 추정한다.

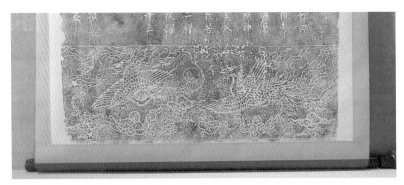

그림 19. 금산사 성보박물관 소요당대사 탑비 탑본

---

6)　고전번역원 db에서 발췌하였다.

⑬ 원주 법천사지 지광국사 탑비

원주 시내에서 30여 분 떨어진 곳에는 폐사지가 세 곳이 있다. 흥법사지, 거돈사지 법천사지인데, 이곳은 문화유산 답사자들이 많이 찾는 곳이다. 그중에 원주 법천사지는 여러 석조물이 남아 있으며, 눈길이 많이 가는 것은 지광국사 탑비일 것이다.

탑비 상부에는 용화수, 옥토끼, 두꺼비 등의 표현이 보이며, 비수 상부

그림 20. 원주 법천사지 지광국사 탑비

에는 좌우 2마리의 새가 있고, 그 아래로는 좌우에 봉황이 있다. 법천사지 지광국사탑비는 세련미가 넘치며, 조각 수법이 섬세하고 화려하다는 느낌이 강하게 든다. 이러한 곳에 새가 4마리를 새겨 화려함을 더한 것이다. 碑首에는 하늘을 표현하였는데 새 4마리가, 4방향으로 지상에 소식을 전해 주기 위한 것으로 생각되지만, 기록이 없기에 장담은 어렵다. 화려함에 화려함을 더한 것이 새의 표현이고, 봉황을 새긴 것으로 보인다.

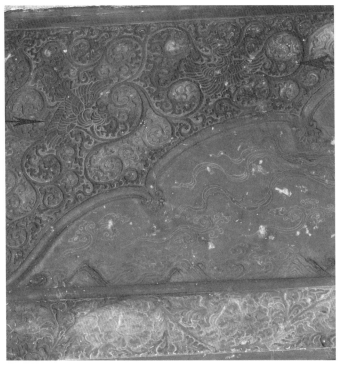

그림 21. 원주 법천사지 지광국사 탑비 쌍조 향 좌측

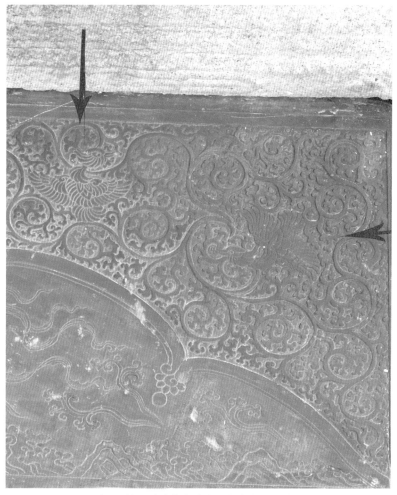

그림 22. 원주 법천사지 지광국사 탑비 쌍조 향 우측

그림 23. 원주 법천사지 지광국사 탑비 向 우측 봉황

그림 24. 원주 법천사지 지광국사 탑비 向 좌측 봉황

법천사지 지광국사 탑비는 측면에도 龍을 조각하였으며, 지광국사에 업적을 碑에 모든 것을 쏟아부어 만든 것으로 해석된다. 이와 비슷한 안성의 칠장사 혜소국사 비도 비슷하게 조성되었지만, 혜소국사 碑는 탑비

　　　　　　　　　독특하고 재미있는 문화유산 이야기 下

가 분해되어 있어, 지광국사 碑와는 조금 차이가 난다.

⑭ 부안 쌍조 석간

부안에는 많은 석조 당산이 있는데 그중에 새가 2마리가 표현된 것이 있다. 일반적으로 솟대의 새는 한 마리가 제일 많으나 여기는 특이하게 2마리로 되어 있어 소개하는 것이다. 처음의 당산의 재질은 소나무이었다

그림 25. 부안 쌍조 석간

고 하며, 지금은 하나만 남아 있지만, 쌍으로 된 석간[7]이었다고 전해진다.

당간 위의 새는 삼족오의 영향으로 하늘과 땅을 연결하는 매개체로 인식되었다. 특히 고구려의 부근의 북방 민족은 나무와 새를 신성시하였는데 그러한 영향이 남아 있는 것이다. 새가 2마리가 있다는 것은 신성시하는 마음과 하늘과의 연결을 자주 하라는 뜻이 있는 것으로 해석된다.

⑮ 남양주 홍·유릉 문인석 쌍조

남양주에 있는 황제의 능에는 많은 석물들이 있다. 코끼리, 사자 등등의 석물 중 문인석에는 봉황을 조각하여 황제의 陵의 격을 높였다고 생각이 든다.

그림 26. 순종의 능 문인석 봉황

---

7) 쌍조 석간 사진은 김현동 선생에게 허락하에 게재하였다. (2023년 9월 2일)

순종의 능 좌우에 문인석의 오량관에는 봉황의 새겼는데, 조선시대 사대부 陵에서도 가끔 보이는 작례이다. 고종의 陵에도 있는데 순종의 능에 보이는 문인석과는 조금 다르다.

그림 27. 고종 황제릉 정면 봉황

황제의 능의 문인석은 오량관이라 하기에는 관에 보이는 줄이 많이 표현되었다. 사대부의들의 문인석에는 5줄이 있기에 오량관이라 하였는데 황제의 능에는 많은 줄무늬로 인해 이름을 무어라 지어야 할지 몰라 편의상 오량관이라 하였다.

봉황은 전설의 새이고, 봉황이 나타나면 태평성대를 이룬다 하였는데, 고종과 순종의 시대는 그렇지 않다. 고종의 문인석은 오량관에 전면에 봉황이 있지만, 뒷면에도 봉황을 새겨 순종의 문인석과는 차이를 보이고 있다. 고종이 순종의 부친이라 차이를 둔 것으로 생각되지만, 일반적으로 생각하는 경향이라 그 외는 마땅한 풀이가 되지 않는다.

필자의 능력의 한계인 것으로 생각이 든다.

아무튼 문인석에서 봉황을 장식한 것은 황제이기에 가능한 것이고, 시대적으로는 불운한 황제이지만, 다양한 석물을 남겨 황제라는 권위를 표현한 것으로 보인다. 황제의 능을 만든 시기가 일제 강점기이다. 많은 어려움이 있었을 것인데 화려하고, 아름답게 조성되어 우리에게 많은 이야기를 낳게 하는 것으로 생각된다.

그림 28. 고종 황제 문인석 오량관 뒷면 봉황

홍·유릉의 문인석에는 머리에 쓴 오량관에 봉황이 있지만, 관복의 뒤옷자락에는 많은 봉황을 새겨 놓았다.

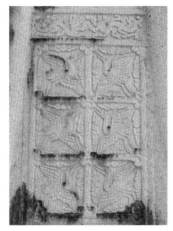

고종황제릉 문인석 뒷면　　　　　　순종황제릉 문인석 뒷면

⑯ 고양 함양박씨 쌍조

고양 함양박씨 世葬地(세장지)는 경기 북부 2박 3일 답사를 하고 마지막으로 찾아간 곳이다. 필자의 머릿속에는 그 당시 새만 생각하여, 묘역 입구에 세장지 碑와 신도비의 새만 촬영하고 급하게 내려왔다. 나중에 보니 그 묘역에 필요한 자료를 놓쳐 당일로 올라가 사진 촬영을 하였다. 답사는 하나를 집중하면 다른 하나를 놓치는 경우가 많다.

함양 박씨 세장지에 새를 표현한 것은 두 군데 있다. 하나는 입구의 세장지 碑에 있고, 박세영 선생 신도비에 있다.

함양박씨 세장지 碑와, 박세영 선생의 신도비의 새는 2마리인데, 서로 교차하는 모양이다. 2마리를 표현한 다른 곳의 새의 표현과는 전혀 다른 모습이다. 새의 머리 부분은 마모로 인해 잘 보이지 않으니 몸은 잘 보인다. 세장지 碑의 새는 주작으로 보는 시각이 있다. 주작은 남방을 지키는

그림 29. 고양 함양박씨 세장지 碑 주작

전설의 새로 알려져 있으나, 비에 보이는 문양이 주작으로 보이는 시각이
있다. 앞에서 설명하였듯이 주작으로 보는 이유는 달리 다른 새의 이름이
떠오르지 않기 때문이다.

그림 30. 고양 박세영 신도비 주작

독특하고 재미있는 문화유산 이야기 下

박세영의 신도비는 세장지 입구에서 조금 들어가면 우측에 자리 잡고 있다. 碑首에 보이는 주작은 구름 속에서 앉아서 교차하는 모습으로 나타나 있다. 세장지 碑에 보이는 구도와는 차이는 없으나 여기는 새의 모습이 잘 보인다. 박세영 묘에서 100m 정도 떨어진 곳에 신도비가 있어, 상징성이 잘 나타난다고 생각한다.

신도비에 보이는 碑首의 비양은 두 마리의 龍이 조각되는 경우가 많으나, 신도비에서 새의 조각은 드물다. 삼족오가 태양을 상징하기에 비양에 조각되는 경우가 있어, 주작을 삼족오의 변형으로 보는 시각도 있다. 삼족오나 주작, 학은 새의 의미는 같지만, 어느 새를 표현하더라도 괜찮다고 생각하기에는 범위가 너무 넓은가 하는 생각도 든다. 아무튼 새는 비행을 하기에 자유롭고 싶은 인간의 생각과 욕망을 비석에 담았다고 생각한다.

⑰ 광양 김대례 공신 碑

광양에 있는 김대례 공신비(功臣碑)는 목포에 계시는 이홍식 선생이 알려 주어 갔다 왔다. 김대례 碑는 공신비각 내부에 있으며, 채색이 되어 있는 碑였다. 碑首는 장방형으로 되어 있고 정면에는 쌍용이 표현되었고, 뒷면인 비음에는 두 마리 鶴이 보인다.

비음에 보이는 2마리의 鶴은 딱딱한 느낌이 들며, 그림으로 표현한 線들이 부드럽지 않고, 직선적으로 표현한 것처럼 보인다. 向 좌측의 鶴은 앞으로 바라보게 하였고, 向 우측의 鶴은 무엇을 입에 물고 날아가는 모습이다. 공신비는 전체적으로 채색이 되어 있으며, 이러한 것은 채색이 된 비석에서 다룰 것이다.

그림 31. 광양 김대례 공신 碑

비음에 보이는 2마리의 鶴 표현에 대한 생각은 필자의 생각이지만, 임진왜란 때 功이 하늘로 올라가 영원히 잊혀지지 않기를 바라는 마음에서 만든 것으로 풀이된다. 임진왜란 때 功을 세우신 분을 기리는 곳이 많지만, 비각과 채색이 되어 있는 것이 가장 효과적인 보존 대책인 것으로 생각되는 碑였다.

"공신각(功臣閣)은 1598년 임진왜란 시 공을 세우고 전사한 김대례(金大禮) 공(公)의 공적을 기리기 위하여 1676년에 후손 학조의 주도로 문중과 유림의 도움을 받아 김해김씨 집성촌인 광양시 진월면 송금리(송현마을)에 건립되었다.

公의 이름은 대례(大禮),자는 여대(汝大)이며 서기 1573년 3월 3일

경기도 양주군 율복리에서 태어났으며, 공이 어렸을 때 어머니
를 따라 광양현 월포면 송금리로 이거하였다.

임진왜란이 일어나자 '충의의 뜻있는 선비들을 마땅히 갑옷을
두르고 활칼을 겨누고 힘을 모아 왜적들을 토벌해야 할 것이다.'
고 그의 맏형 사례(師禮)와 함께 충무공 이순신 막하로 들어가니
이 충무공이 크게 기뻐하였다.

김대례 공은 나라에 큰 공을 세워 선무원종 공신으로 공신록에
기록되었고 그 공훈으로 인하여 정로위 훈련원봉사 직함을 제
수받았다.

역사적으로 충과 효의 본보기로 보존 가치가 있으며 시비 지원
으로 보수·정비된 공신각을 광양시 향토문화유산으로 등록하
여 지속적으로 관리와 보존을 하고 있는 중이다."[8]

⑱ 부여 조문명 묘비

조문명의 묘는 경기도 양주에 있었지만 현재는 移葬되었다. 조문명의
묘는 원래 답사의 목적이 아니었다. 부여에 있는 조문명의 동생의 墓에
보이는 무인석을 보고, 조문명의 묘에도 무인석이 있다 하여 찾아간 것이
다. 처음에는 엉뚱한 곳에 가서 헤매다가 겨우 찾아갔다.

묘역에는 풍양조씨의 여러 묘가 보이고, 묘역 상단에 자리를 잡고 있었
다. 특히 무인석을 형태를 보면, 능묘(陵墓), 석물(石物), 건축(建築), 주조

---

8) 위키백과에서 발췌하였다.

(鑄造), 옥(玉) 조각 등 18세기 왕실의 다양한 공역(工役)을 담당했던 당대의 匠人의 솜씨를 계승한 흔적이 보이는 곳이다.

그림 32. 부여 조문명 묘비 우측

그 당시의 匠人은 영조 시기의 인물인 최천약(崔天若, ?~1755)[9]을 말한다. 묘비에는 조선 후기의 글씨의 대가인 윤순의 흔적도 있다. 처음에는 묘비라 하여 사진만 촬영만 하였고 이후 사진 작업하는 과정에 새를 발견하였다. 답사는 이러한 결과를 얻는다. 내가 몰랐던 것이나, 생각하지 않은 의외의 것을 본다는 것은 답사의 묘미로 생각된다.

조문명의 묘비는 좌우로 봉황이 새겨져 있으며, 조각이 섬세하고, 정교하게 되어 있다. 주작이라는 시각이 있을 수 있으나 필자는 봉황으로

---

9) 최천약은 영조 시대의 뛰어난 장인으로 알려져 있다. 대표적인 작품으로는 인조 장릉 병풍석, 단경왕후 온릉, 의세손 묘 문인석, 부여 조현명 묘 무인석 등이다.

보았다. 양 날개를 펼친 모습이 하늘에 내려오는 듯하고 머리 위에 보이는 山 모습처럼 새긴 새의 벼슬은 시선이 자연스럽게 가게 되는 조각이었다.

사진 촬영할 당시에는 오전이라 向 우측의 봉황은 제대로 볼 수 있었다. 봉황 아래로 보이는 龍의 몸통은 코끼리 코를 연상하게 한다. 봉황의 모습은 앞서 표현한 것처럼 하늘에서 내려오는 느낌인데, 사찰 벽화나 범종에서 보이는 천인상(天人像) 같은 생각이 든다. 불교에서는 천인상은 불국토를 상징하는 의미가 있는데, 봉황은 태평세월을 기원하는 의미가 있기에 그러한 것이 묘비에 연출되었다고 생각된다. 화문형 구름 속에서 연출된 모습은 그림보다 더 그림 같은 모습이기에 이 가을에 다시 가고 싶은 마음이 생긴다.

원주 법천사 지광국사 탑비에도 좌우에 봉황을 새겨서, 아름다움을 연

그림 33. 부여 조문명 묘비 좌측

출하였는데, 조선 시대의 묘비의 봉황은 선명하게 보이고, 그다지 크지 않고 사람의 눈높이에 있기에 더욱 좋은 것이다. 여러 묘역의 묘비에는 다양한 문양이 있지만, 봉황은 처음 보는 것이고, 한반도에 유일하지 않나 하는 생각도 든다. 지금 글을 쓰고 시점은 가을이라 붉디붉은 단풍과 잘 어울리는 봉황이 되기를 기원한다.

　조문명의 묘비 向 좌측의 문양은 우측과 다르지 않으며, 오전에 방문하였더니, 向 우측과는 사진의 차이가 보인다. 오후가 되면 우측과 같은 사진을 얻을 수 있지만 다른 답사지를 가야 하기에 아쉬움을 뒤로하고 다음을 기약했다.

⑲ 지붕에 보이는 쌍조

　집(家)은 사람이 사는 공간인 동시에, 조상을 기리는 제사의 공간이다.

그림 34. 임실 삼계서원 쌍조

사대부, 종가에는 별도의 제사 공간이 존재하지만 그렇지 못한 경우가 많다. 용마루의 쌍조를 보면 제사를 봉행하면서 후손들의 정성이 전해지기를 바라여 만든 것으로 생각된다. 다른 한편으로는 장식성이 있다고 보는 시각도 있지만 필자는 조금 약하다고 생각한다.

숫대가 지붕 위에 올라간 것으로 보이고, 다른 한편으로는 용마루에 표현되었던 취두가 불교적 요소라 조선 시대에는 다른 방향으로 표현한 것으로 추정된다. 정답은 없는 것으로 생각하고, 비교해 보면 그것이 문화유산을 보는 시각으로 생각된다.

용마루 위에 쌍조의 표현은 여러 곳에서 나타나는데, 필자가 촬영한 사진을 소개한다. 마주 보는 모습이 대부분 비슷하고 크기도 그러하다. 새를 표현한 모습은 깃털이나 새의 다리 등은 아래에서는 보이지 않아, 간단하게 표현한 것으로 생각된다.

그림 35. 남원 삭녕최씨 노유재 쌍조

남원에 있는 삭녕최씨의 노유재에 보이는 쌍조의 표현이다. 여기는 하마비가 있다 하여 방문을 한 것인데 용마루 새의 표현은 단순함이 임실 삼계서원과 차이를 보이지 않는다.

세 번째는 한 마리의 새의 표현이다.

⑳ 청주 안심사 영산전

새라는 것은 하늘의 비행하는 생명체로 인간에게는 항상 선망의 대상이었고, 신성시되었다. 봉황, 주작 등 전설의 새를 창조하고 그것이 일상생활에 깊숙이 남아 있다. 앞에는 새의 발의 개수나 쌍조를 소개하였지만, 이번에는 한 마리만 표현된 것으로 소개한다.

새를 한 마리를 표현한 곳은 여러 군데서 보인다. 그중에서 필자가 선택한 것만 소개한다. 새가 한 마리가 있든 두 마리가 있든 의미는 같은 것으로 생각되기에 그렇다. 대표적으로는 백제의 유물인 금동향로의 봉황을 들 수 있다. 그리고 용마루에 보이는 새의 표현 중 한 마리만 표현한 것이 있다. 서양의 불사조는 태양을 다른 말로 표현한 것이어서 삼족오와 비슷한 맥락으로 보는 시각도 있다.

청주는 답사를 자주 갔고 여러 곳을 다녔지만 몇 곳을 가지 않은 곳이 있었는데, 그중 하나가 안심사였다. 안심사에서 필요한 사진 촬영을 하고 나서 영산전을 보니 새가 보였다. 청주 안심사 영산전에 보이는 한 마리의 새의 표현은 임실 삼계서원이나, 남원 삭녕최씨 노유재의 모습이나 큰 차이는 보이지 않는다.

영산전은 필자의 눈으로 보기에는 소박해 보였다. 치미도 보이지 않고 맞배지붕에 단아한 모습이 인상적이었는데, 새가 용마루에 앉아 있어, 서원에 보이는 새의 모습과 같은 모습이지만 의미는 다르지 않을까 하는 생각이 든다.

그림 36. 청주 안심사 영산전

㉑ 포항 달성 서공 망주석

포항 금광리에 있는 달성 서공의 망주석은 처음에 『독특하고 재미있는 문화유산 이야기』 中권의 독특한 망주석에 포함시키려 하였으나. 고민 끝에 새가 있는 작례에 포함시켰다. 망주석은 여러 마리의 거북이가 표현되어 있지만 상부에는 한 마리의 새가 날아가는 모습이 보인다.

그림 37. 포항 달성 서공 망주석

　망주석은 細虎[10]가 장식을 하지만, 새가 날아가는 형상은 이제까지 보아 온 망주석에서는 보지 못한 것이었다. 묘역 좌우에 망주석[11]이 있지만 하나의 망주석에게만 새가 있는데, 세호는 좌우의 망주석에 있다. 여기서 새는 우측의 망주석에게만 장식되었다. 새의 모양을 보았을 때는 깃털과 다리는 보이지 않지만, 朱雀이나 鶴으로 생각된다.

---

10) 세호는 망주석에서 장식된 동물 모양을 지칭한다.
11) 달성 서공 망주석 사진은 포항 이상령 선생의 허가하에 게재하였다.

그림 38. 달성 서공 망주석의 새

주작은 별자리 중 28수를 일곱 개씩 4분하여 나열된 모습이고, 4개의 상서로운 동물로 상징화되고, 남방의 수호신으로 알려져 있다. 달성 서공은 영조 때 인물로 경상좌수영 인근에 포이진 만호이기에, 남쪽 바다를 죽어서도 지키려는 마음이 있을 것으로 필자만의 해석이다. 망주석이 화려하고 크지는 않지만, 새가 있어 필자의 눈에는 다르게 보이고, 독특하게 보이는 것은 왜일까 하는 생각도 든다.

㉒ 새를 들고 있는 벅수

서울 우리옛돌박물관을 답사를 가서 여러 가지 석물을 보았다. 벅수가 제일 많은 곳에 여러 벅수가 있지만, 필자의 눈에는 새를 들고 있는 벅수가 눈에 들어온다. 벅수는 마을 어귀나 다리, 길가에 세운 수호신이다. 법수라고 불리며, 전국에 많이 남아 있다. 원래 벅수는 크고 우람하고 험상

굿다. 그래야만 마을에 잡귀가 들어오지 않는다.

그런데 여기의 벅수는 크지도 않고 평온한 모습이다. 새도 안고 있다. 마을에 들어오는 잡귀를 물리치고 편안한 모습으로 있다. 새는 아마 애완용으로 보이는데 현대의 사람들이 개나, 고양이를 안고 있듯이 평온한 일상을 즐기고 있는 것이다.

그림 39. 우리옛돌박물관 벅수

㉓ 고양 영인군 부인 하동정씨 묘비

그림 40. 고양 영인군 부인 하동정씨 묘비

영인군은 태종과 신변신씨에서 태어난 근령군의 장남인 옥산군의 아들이다. 영인군 부인인 하동정씨 묘비에는 주작인지 봉황인지 정확하게 무엇이라 말할 수 없는 새의 조각이 있다. 碑 전체를 차지할 만큼 크게 되었고, 깃털의 표현은 상세하게 나타나 있다. 활짝 핀 날개로 힘차게 날아가는 모습이 아주 힘 있게 보인다. 碑의 진면은 새이고, 뒷면은 보름달이기에 비양은 삼족오로 보아야 하지 않겠나 하는 생각이 든다.

새는 인간들이 생각하기에는 날아다니면, 하늘과 소통하는 것으로 보았고, 새에 대한 이름은 나중에 지은 것이다. 그러므로 비양에 있는 새의 표현은 삼족오의 변형으로 생각한다. 하늘을 비행하는 새는 다리의 개수가 중요한 게 아니고, 하늘의 뜻을 전하거나 인간의 뜻을 하늘에 전달하면 되는 것이다. 그래서 앞의 사진에 보이는 새는 삼족오, 봉황, 주작으로 보아도 무방하다고 본다.

㉔ 고양 이성군 부인 남평문씨 묘비

그림 41. 고양 이성군 부인 남평문씨 묘비

이성군은 성종의 아들이다. 앞에 소개한 영인군 부인의 묘비와 이성군
부인의 묘비는 새의 표현은 거의 흡사하다. 시대도 비슷한 시기라 같은
匠人 집단의 솜씨인 것으로 생각된다. 다만 '왜 부인의 묘비를 비슷하게
만들었을까?' 하는 생각을 하여 기록을 찾아보았지만, 이에 대한 것은 없
었다. 또한 '하동정씨의 묘비나 남평문씨의 묘비에서 새의 표현이 왜 나타
났을까?' 의문은 많이 들지만 이유는 알아내지 못하였다. 필자의 생각은
장식성이라 생각하였는데, 여성의 묘비이기에 의문은 오래도록 남는다.

비양의 새는 시간이 많이 흘러서 처음의 모습은 차츰 보이지 않고 있다.

새의 문양의 솜씨나, 왕실이라는 것 때문에 碑를 아름답게 꾸몄을 것으로 생각하면, 채색을 화려하게 하였을 것으로 생각된다.

㉕ 문인석에 표현된 새

문인석은 무덤을 장식하는 석물로 2기를 세우는데 금관조복에 笏을 들고 있는 것이다. 문인석의 뒷부분을 보면 간단하게 옷자락을 표현하고, 문양을 표현하지 않는 것이 대부분이었다.

그림 42. 문인석 보이는 새 向 좌측

상주에 있는 묘지 답사는 10년 전에 보고 왔다. 그 뒤 10년 후 재답사를 갔는데, 목적은 墓 앞에 있는 신도비를 보러 간 것인데, 생각하지 않은 새를 본 것이다. 문인석에서 後綬를 표현한 것이 거의 보지 못한 것으로 생각된다. 처음에 새를 보았을 때 신기하기도 하고 재미있기도 하여 자세히 본 기억이 있다. '다른 문인석에는 이러한 문양이 없는데 왜 여기에만 금관조복을 제대로 표현하였을까?' 하는 생각도 하였다.

새는 좌에서 우로 날아가는 모습인데 좌측의 문인석은 문양이 제대로 남아 있지만, 向 우측의 문인석의 새는 거의 보이지 않는다. 세월이 그만

그림 43. 문인석에 보이는 새 向 우측

독특하고 재미있는 문화유산 이야기 下

큼 흘렀다는 것이다.

앞서 황제 홍·유릉 문인석의 後綬는 봉황이 여러 마리 표현되었지만, 여기의 문인석은 외롭게 한 마리만 보인다. 새를 보니 문득 어릴 때 읽은 동화가 생각난다. 『닐스의 모험』으로 기억하는데 키가 작아진 닐스가 새를 타고 여러 곳을 여행하는 이야기이다. 새의 표현은 하늘로 비행할 수 없는 인간이 죽어서라도 동경하는 세계를 가고 싶은 욕망을 여기에 표현한 것으로 생각된다.

㉖ 충익공 곽재우 신도비

현풍 예연서원은 길을 잘못 들어갔는데 서원이 보이기에 방문한 것이다. 신도비는 생각하지도 못한 것이었고, 다르게 생각하면 우연이 필연을 낳은 것이다.

신도비는 2좌이고 向 우측이 곽재우 선생의 것이었고 向 좌측은 곽재우 선생의 재종숙[12]의 것이다. 비양에 보이는 것은 일반적인 신도비의 모습이 아니었다. 龍이 조각되어야 곳에, 아름다운 그림처럼 꽃을 그리고 그 위에 새 한 마리를 표현하였다. 새는 꽃줄기에 앉았는데, 다른 곳에 보이는 새의 표현보다는 앙증맞고 귀엽다. 새가 꽃을 찾는 경우는 꿀을 찾는 벌새가 그러한 경우인데, 여기의 새는 벌새로 보아야 할지 의문이 든다. 많고 많은 표현 중에 꽃과 새는 어떠한 것을 전하려고 하는지 머리가 갸우뚱했다.

---

12) 아버지 6촌 형제를 지칭한다.

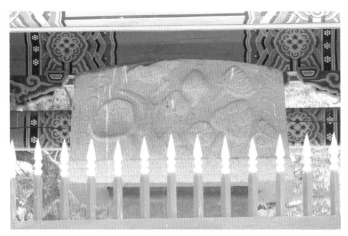

그림 44. 현풍 곽재우 신도비

㉗ 부산시립박물관 유원각선생매안감고碑

유원각선생매안감고碑는 부산시립박물관 야외 전시장에 있으며, 시대는 근대의 작품이다. 이 碑는 대일 외교에 종사한 유원각 소속 통역관을 기리기 위해 1906년 세운 것이다. 비각 안에 碑를 보호하고 있고 상당히 큰 것에 속한다. 다른 비석들은 비각이 보이지 않으나 유원각선생매안감고碑는 비각과 난간을 만들어 잘 보호하고 있다.

비각도 나무도 만든 것이 많은데, 감고碑는 석재로 만들어 눈에 쏙 들어온다. 碑首에는 커다란 鶴이 표현되어 있어 모습이 인상적이다. 지금은 鶴이 채색이 보이지 않지만, 기록에는 아름답게 채색되었다고 한다. 비수에 鶴을 조각한 이유는 장식성이 강하다고 생각한다.

유원각선생매안감고碑의 가장 특징은 비각이다. 돌로 만든 지붕과, 기둥도 돌로 만들었다. 선정비가 6000여 좌 있지만 비석을 보호하려고 만든

그림 45. 부산시립박물관 유원각선생매안감고碑 상부

그림 46. 부산시립박물관 유원각선생매안감고碑

1. 하늘을 나는 새(鳥)

비각은 거의 드물다. 신도비는 비각을 보호하려 비각을 만들지만 송덕비에서는 거의 보이지 않는다. 이러한 면에서 유원각선생매안감고碑는 희귀성이 강한 碑와 비각이다.

㉘ 안동 일도대사 碑

일도선사 碑는 새에 대한 자료를 정리할 즈음 안동의 비석에 새가 있다는 정보를 들었다. 그래서 안동에 있는 수곡리 암각화와 봉황사를 보러 가면서 보고 왔다. 안동에 있는 일도선사 선교양종 웅파당 碑는 碑首 전후면에 새를 조각하였다.

구름 문양에 2중으로 된 圓 안에 새가 앞면은 좌로, 뒷면은 우로 날아가는 모습이다. 일도선사의 기록은 빗면에 있지만 판독을 하지 않아 어떠한 공적이 있는지 모르지만 선종과 교종에서 큰 역할을 한 것으로 보인다.

그림 47. 일도선사 碑 전면

그림 48. 일도선사 碑 후면

　새의 작례 27개를 소개하였는데 새는 여러 곳에 표현되었기에 소개하면 하수분[13]처럼 나타나기에 여기서 이만 줄인다. 다양한 표현보다 여러 가지 이름으로 명명된 새는 하늘을 비행한다는 것이 큰 장점이고 날지 못하는 사람으로서는 동경 대상이기에 그러한 마음으로 새를 표현한 것으로 생각한다.

---

13) 화수분의 본말이며, 재물이 계속 나오는 보물단지. 그 안에 온갖 물건을 담아 두면 아무리 써도 줄지 않는다는 설화에서 나온 말이다.

2

墓地의
石人像

墓를 답사를 가면 기본적인 석물의 구성이 있다. 봉분과, 망주석, 상석, 동자상 그리고 문무인상이 있다. 그중에 독특한 망주석은『독특하고 재미있는 문화유산 이야기 中』에서 다루었다. 그리고 문인석이나 무인석을 소개하려고 하였으나 그다지 독특한 것은 보이지 않는다.

문무인상을 대부분 석인상으로 부르지만 모습에서는 분명히 차이를 보이고 있다. 묘역에서 보이는 석물들 중 문무인상. 동자상과는 아주 다른 형상을 보이고 있는 석물들을 소개한다. 많이 알려진 곳도 있지만 문화유산을 공부한 사람들은 알고, 그렇지 못한 일반인들은 알지 못하기에 글을 쓰려고 한다.

특히 묘지 답사는 여름에 간 것도 있지만 해가 짧은 늦가을, 겨울, 이른 봄에 가야 하는 어려움이 있다. 조선 시대 사대부의 墓는 대부분 경기 지역에 있어, 필자가 사는 곳에서 답사를 가려면 먼 길을 가야 하고, 2박 3일 답사를 해야 하는 어려움이 있다. 특히 겨울에는 눈이 오기에 눈길 운전이 서툴기에 더욱 그렇다.

① 익산 남궁찬 墓 석인

익산은 여러 차례 갔지만 남궁찬의 묘역에 보이는 석인상은 인지하지 못하였다. 그래서 시간을 내어 보고 왔는데, 다른 곳의 석인상과는 덩치도 크고 앞으로 내민 턱이 인상적이었다.

> "조선 전기의 문신인 남궁찬 선생의 묘 앞에 자리하고 있는 2기의 석상이다.
>
> 남궁찬은 성종 8년(1477) 생원시에 장원으로 합격하였고, 성종 20년(1489) 문과에 급제하여『성종실록』편찬에도 참여하였으며 제주목사를 지내기도 했다. 연산군 10년(1504) 강원도관찰사가 되어 지방에 나갔으나 연산군의 미움을 받아 유배되었다.
>
> 이 석상 2기는 문신의 형상으로, 남쪽과 북쪽에 각각 놓여 있다. 비교적 머리가 크고 눈은 튀어나왔으며 코는 두툼하고 턱을 내밀고 있다. 옷은 도포를 걸친 모습으로 선을 얇게 조각하였고 양손은 소맷자락 속에 넣고 있다.
>
> 크기가 크고 조각수법도 비교적 뛰어나, 조선 중종 년간(재위 1506~1544)인 16세기 중반 경에 제작된 것으로 짐작된다."[14]

여름에 가니 풀이 많이 뱀이 있을까 두려웠지만, 보고자 하는 마음이 앞서 석인상에 다가가서 사진 촬영을 하였다. 石人은 墓 봉분 좌우에 시립

---

14) 문화재청 홈페이지에서 가져왔다.

하고 있는데 어떤 사람은 문인석으로 보아야 한다는 의견이 존재하는데, 필자가 보았을 때는 문인석으로는 덩치가 크고 笏을 쥐고 있지 않아 딱히 뭐라고 정의하기는 어렵다고 본다. 묘역에 보이는 문인석은 대부분 笏을 쥐고 있고, 소매 안으로 양손을 넣은 경우는 많기 때문이다.

 석상의 높이는 向 우측이 260cm이고 向 좌측이 250cm인데 아주 큰 덩치를 가졌다. 얼굴 형태는 부드럽게 표현되지 않았으며, 턱을 앞으로 내

그림 49. 남궁찬 묘 석인

독특하고 재미있는 문화유산 이야기 下

민 것처럼 보인다. 묘역에서 이러한 石人을 왜 하였는지 모르지만 16세기 당시의 묘역에서는 무인석이나, 석인상이 대형의 작례가 보여서 시대의 흐름이 아닐까 하는 생각도 하여 본다. 석인상은 덩치가 크지만 옷의 표현이나 머리에 쓴 두건 등을 보니 섬세한 표현이 보이지 않는다.

얼굴은 길고 둥근 모자를 쓰고 있다. 눈동자는 보이지 않아 허공을 주시하는 느낌이 든다. 표현된 것 중 소매 속에 두 손을 넣었기에 생기는 옷 주름을 상세하게 표현되어 있는 것이 가장 특징인 것으로 생각된다. 묘역은 낮은 구릉에 자리 잡았으며, 묘비와 석등, 망주석의 표현은 다른 지역의 墓와는 차이가 없다. 석인상은 머리를 크게 만들었기에, 우리나라 사람의 모습이 아닌 것으로, 보는 시각이 존재하기에, 중국에서 가져왔다는 이야기가 존재하지만 정확하게 알려진 것이 없다.

그림 50. 남궁찬 묘

옆에서 석인을 쳐다보면 어릴 때 보았던 일본의 프로 레슬링 선수인 이노끼[15]의 모습과 흡사하다는 생각이 많이 든다. 각진 턱과 옆모습에서 그러한 느낌이 들었다.

그림 51. 남궁찬 묘 석인 측면

② 여주 임원준 墓 석인

여주 임원준의 墓는 고종의 황비인 명성황후 생가 뒤 나지막한 언덕에 위치하고 있다. 임원준의 신도비를 보러 갔더니 뜻밖의 석인상과 五角 묘를 보게 되었다. 입구를 잘못 찾고 비 온 뒤라 미끄러지고 넘어지는 등 그다지 높지 않은 곳인데 고생을 많이 한 기억이 있다.

임원준 묘의 석인은 지금 남아 있는 석인상으로는 최대의 높이인 것으로 보인다. 앞서 소개한 남궁찬의 석인은 260cm이지만 임원준의 석인은

---

15) 안토니오 이노끼를 말하며 역도산의 제자로 우리나라 프로레슬링 선수이였던 김일과 사형제이다.

265cm이기 때문이다.

"임원준 묘의 석인은 묘역 하계에 무인석 한 쌍으로 조성되었는데, 사대부 묘에서 보기 드물게 장대하고 입체감이 크며 조각 수준이 우수하다.

무인석은 투구를 쓰고 갑옷을 입은 형태로, 검(劍)은 착용하지 않았다.

두 손을 공수하여 소매 안에 넣고 시립하고 있는 자세인데, 두 눈을 부릅뜨고 입꼬리가 살짝 쳐진 얼굴은, 근엄한 무인의 기개를 보여 주고 있다.

얼굴표현은 세밀하게 묘사하였는데, 얼굴형은 둥글며 눈썹은 타원형으로 두껍게 돋을새김하였고, 눈은 도드라지게 양각한 후 다시 그 위에 눈동자를 선각하였다.

코는 두툼하며, 콧방울을 크게 만들었고, 八자형의 콧수염과 턱수염을 두껍게 양각하여 위엄을 드러냈다.

얼굴이 신체 쪽으로 깊숙이 들어가 귀와 어깨가 겹친 형상으로 어깨가 강조되어, 신체 비례가 자연스럽지 못하다.

반구형 투구는 뒷면의 목가리개와 상모는 양각하고 투구의 끈은 두 줄의 선으로 턱밑에서 매듭을 지었다.

공수한 팔의 두께는 유난히 두꺼우며 투구의 끈과 허리띠가 어우러져 시선을 고정시키고 있다.

속에는 내갑의를 입고 겉에는 갑옷을 입고 있는데, 소매는 반소매이고 하의가 무릎 아래까지 길게 내려오는 형태이며 앞면과

그림 52. 임원준 墓 석인 정면

옆면에 트임이 있다.

소맷부리는 면적이 넓고 도톰한 두께감을 표현하였고, 갑옷의
소맷단과 허리끈은 서로 연결되어 허리에서 매듭을 지었다.
팔꿈치에서 겹치는 옷 주름은 깊고 자연스럽게 표현하였다.
전체적으로 원만한 신체 곡선을 지니고 있으며, 근엄한 자세와
위엄이 있는 세부 표현이 돋보이는 석인이다."16)

---

16) 경기도박물관에서 출간한『경기 묘제 석조 미술 上』에서 발췌하였다.

임원준 墓에서 처음 본 석인은 몸매가 뚱뚱하고, 옷의 느낌은 목욕 가운 같은 느낌이 들었다. 조선 후기에 나타나는 무인석은 칼을 착용하고 갑옷을 입은 형태이기에, 다른 느낌과 모습이 낯설기만 하였다. 필자는 조선 후기의 여러 무인석을 많이 보았지만 조선 초기 석인(무인석)은 처음 보았기에, 이국적인 느낌이 강하게 와닿았다.

그리고 墓를 자세히 보니 원형이나 팔각이 아니고, 五角의 봉분이었다. 원형이나 팔각은 나름대로 의미가 있지만 오각의 봉분은 무엇을 의미하는지 생각이 나지 않는다. 무인석 연구는 조선 초기와 조선 후기로 나누어 공부하여야 한다는 생각이 임원준 墓 석인을 보면서 들었다.

그림 53. 임원준 墓 석인 측면

그림 54. 임원준 墓 석인

③ 마산 주시성 墓 석인

　무덤을 답사 가는 시기는 겨울이 좋지만, 보고 싶은 마음에 풀이 많은 여름에 가는 경우가 있다. 여름은 풀도 많지만 뱀이 나올까 하는 것이 두렵고, 숲이 우거지고, 잎이 많은 나무로 인해, 사진이 제대로 나오지 않은 어려움이 있다. 마산 주시성 墓는 그러한 어려움을 생각하면서도 2023년 여름휴가에 보고 왔다.

　주시성 墓는 다른 묘역과는 큰 차이는 없으나, 봉분 앞에 놓여진, 동자석의 형태가 특이하게 만들어졌다. 일반적으로 동자석의 형상을 보면, 머리를 땋고, 두 손을 가지런히 앞으로 하거나, 아니면 손에 지물을 들고 있는 것이 보통의 형상이다. 그 외도 다양한 모습으로 표현되는 것이 동자석인데, 주시성의 墓의 동자석은 원숭이를 많이 닮았다. 아니 원숭이라

해도 무방할 정도이다.

그림 55. 주시성 墓 석인 向 우측

원숭이 형태의 동자석은 봉분 앞 좌우에 있으며, 크기는 1m 정도이다. 전체적인 모습은 단순하게 표현하였으며, 손아래로 보이는 옷 주름이 보이고, 양손은 소매 속에 넣었다. 머리는 민머리이며, 귀의 표현도 보이고, 코는 오뚝하게 표현하였는네, 원숭이의 특징인 인중이 길어야 하지만 여기의 석인은 그러한 모습은 보이지 않는다. 그리고 돌의 재질도 화강암이 아닌 것으로 보인다.

그러나 원숭이 석상이라는 느낌이 많이 드는 것은, 눈의 표현과 민머리와 귀의 표현 때문이다. 向 우측의 석인의 원숭이에 가깝게 보이지는 않지만 向 좌측은 원숭이 석상이라 무방할 정도로 흡사하다.

그림 56. 주시성 墓 석인 向 좌측

　앞의 사진처럼 동그랗게 뜬 눈과 귀의 모습에서 멀리서 보든, 가까이에서 보든 원숭이상으로 볼 수 있을 것으로 생각된다. '원숭이 모양의 석인은 왜 만들었을까?' 하는 의문에 필자의 私的인 생각으로는 후손들의 독특함이 묻어 있는 창작이거나 그 지역 匠人의 감각적인 창조물로 볼 수 있다고 생각된다. 그 이유는 묘역에 보이는 문인석이나 동자석은 조선 초기와 조선 중기가 서로 다른 형태이기 때문이다.

　앞에서 소개한 '임원준' 墓의 石人이나. '남궁찬'의 墓의 石人은 지역도 다르지만, 형상도 완전히 다른 모습이다. 그리고 임진왜란 직전이나, 임진왜란 이후에 묘역을 보면 석인(문무인석, 동자석)의 형상이 복두에 笏을 들고 있는 것이 대부분이다. 그러므로 주시성의 봉분 앞에 있는 石人의 시대도 일정 강점기이고, 지방이라는 특성을 살린 독특한 石人으로 보아야 할 것으로 생각된다.

④ 청도 김극일 墓 석인

청도 김극일 墓의 석인은 현대에 조성한 것으로 알려졌다. 다만 김극일
부부의 묘의 봉분이 일반적인 배치가 아닌 것이 큰 특징으로 생각된다.

그림 57. 김극일 묘 석인 向 우측

즉 向 정면에서 보았을 때 남자는 왼편이고, 여성은 오른편이지만, 김극일 부부 묘는 다르게 조성되었다. 그래서 마침 부근에 계시는 墓 관리인에게 여쭈니 김극일 선생의 墓는 호랑이가 알려 주었기에 원칙을 따르지 않았다고 한다.

김극일 墓의 석인은 봉분 좌우에 있으며, 모양이 각각 다르다. 문인석, 무인석을 조성하면 거의 같은 모습으로 만들지만, 여기의 석인은 조금 다르다는 것이 특징이다. 앞의 사진(그림 57)에서는 보이는 석인은 향 우측의 것인데, 머리는 두건으로 하고 양손은 지팡이를 짚고 있는 모습이다.

묘역은 석인은 시묘(侍墓)살이 하는 모습으로 표현되었으며, 현대의 喪服이 아니고 전통적인 복장의 모습이다. 옛날에는 墓 앞에 여막을 두고 3년을 시묘살이를 하지만 현대는 그러하지 못하기에, 새로운 형식의 석인상을 배치한 것으로 생각된다. 다른 한편으로는 김극일이라는 분이 유명한 효자로 이름났기에 그에 알맞은 석인상을 배치하는 것으로 풀이된다. 무덤의 주인인 김극일[17]은 조선 초기 효자로 널리 알려졌으며, 조선왕조실록에 기록이 보인다.

> "경상도 청도군(淸道郡)의 장사랑(將仕郎) 김극일(金克一)은 그 어미가 일찍이 등창[疽]이 나자 몸소 입으로 빨았으며, 어미가 죽으니 흙을 져다 무덤을 만들고 무덤 곁에서 살면서 날마다 조석전(朝夕奠)을 올린 뒤에 아비에게 정성(定省)을 하였고, 아비가 또 이질[血痢]에 걸리자 그 곱똥의 달고 씀[嘗其甛苦]을 맛보아

---

17) 김극일(?~?): 청도의 효자, 본관은 김해(金海), 자는 용협(用協), 호는 모암(慕庵), 시호는 절효이다.

그림 58. 김극일 묘 석인 向 좌측

가면서 간호하였으며, 아비가 죽으니 또 여묘(廬墓)살이를 3년
동안 하였는데, 특별한 음식[異味]을 얻을 것 같으면 천신(薦新)
하지 않고는 먹지를 아니하였으며, 영역(塋域) 밖의 숲속에 호랑
이 새끼가 있으므로 제사(祭祀)지내고 남은 음식을 주어 가축(家
畜)을 기르듯이 하였고, 아비에게 있었던 두 첩(妾)을 친어미같이
보살피며, 의복(衣服)과 음식을 떨어지지 않게 하여, 첩이 감동하

고 30여 년 동안 수절(守節)하며 살다가 죽었습니다."[18]

김극일의 묘역은 크고 넓어서 석인의 배치는 카메라 각도에 다 들어가지 않는다. 묘역 전체 사진은 촬영하기 어려웠으며, 답사를 간 시기가 풀이 많은 9월이기에 더욱 그렇다.

좌측의 석인 우측의 석인과 달리 두건 모양과, 얼굴도 달리 표현되었다. 그리고 양손도 좌우의 석인의 표현도 다르다. 그 이유는 알 수 없지만 匠人이나, 후손들이 달리 표현을 생각하여 만든 것으로 생각된다. 무덤의 기본적인 석물인 문인석과 무인석은 같거나 비슷하게 표현하지만 여기는 시묘하는 석인도 달리 표현한 것이 큰 특징이다.

---

18) 조선왕족실록 단종 조에 나오며, 고전번역원db에서 발췌하였다.

독특하고 재미있는 문화유산 이야기 下

3

채색된 비석들

현재 남아 있는 비석은 대부분 석재(石材)로 되어 있다. 선정비는 화려한 것도 있지만 사또의 선정을 비석에 글을 새겨 현재 남아 있지만 채색이 되어 있는 것은 보지 못하였다. 그리고 채색이 되어 있는 석비는 국내에서도 보기 드문 작례이다.

예전에 석탑이나 석불은 회를 발라서 팔부신중, 사면불에는 채색을 한 흔적은 보이지만, 현재 우리는 대부분 탈색된 흔적만 보고 있어 채색에 대한 생각은 잘하지 않는다. 석굴암의 본존불도 채색의 흔적이 남아 있고 경주 남산의 선각 마애불은 채색을 하였다는 글도 많이 보았다.

그리고 '석비에는 채색을 하였을까?' 하는 것인데 전국 곳곳을 답사 하여도 채색된 석비는 보기 드문 것인데, 필자가 몇 좌의 석비에서 채색된 碑를 보았기에, 글을 적어 본다. 비신에 각자된 글씨에는 붉은 글이나 백분, 검은색의 칠이 되어 있고, 碑의 윗부분인 비수에서도 채색된 것이 몇 좌 있다.

① 진안 최양 선생 유허비

"유허비는 선현들의 자취가 있는 곳을 길이 후세에 알리거나, 이를 계기로 그들을 추모하기 위하여 세운 비로, 이 碑는 고려 후

그림 59. 진안 최양 선생 유허비 뒷면

기의 문신인 최양 선생을 기리고 있다.

최양(1351~1424)은 두문동 72현(고려가 망하고 조선이 건국되자 벼슬에 나아가길 거부하고 평생을 두문동에 은거하며 학문을 했던 72명의 고려 충신) 중 한 명으로, 외삼촌인 정몽주에게 학문을 배웠으며, 우왕 2년(1376) 문과에 급제하여 여러 관직을 두루 거쳐 보문각 대제학을 지냈다.

고려가 망하지 벼슬에서 물러나 진안 팔공산에 들어가 3년을 은거하였으며, 태조가 그를 친구로 대우하여 재상 자리에 불렀으나 거절하였다.

74세의 나이로 죽자 세종은 "학문과 도덕은 정이천 같고, 절의와 청직은 엄광과 같다."라고 하였다.

碑는 네모난 받침돌 위에 비몸을 세우고 지붕돌을 얹은 모습이다. 선생이 산중으로 도피하던 중 잠시 머물렀던 곳에 비를 세워

두었으며, 비문은 노사 기정진이 지었다."[19]

진안 최양 선생의 유허비는 문이 잠겨 들어갈 수 없어 채색 된 碑首만 촬영하였다. 가까이 갈 수 없어 제대로 된 사진을 얻을 수 없었지만, 그 뒤로 재촬영을 가지 않은 것도 한몫하였다.

'S'자 모양의 龍의 모습이 보이고 向 좌측은 채색이 보이지만, 向 우측은 희미하다. 비양에도 龍의 모습이 보이지만 촬영한 사진이 어디에 있는지 찾지 못하여, 비음의 사진만 소개한다. 유허비에 보이는 채색은 희미하나 龍의 표현은 크게 되었다. 쌍용의 모습은 여의주를 지키기 위해 하늘에서 용트림하는 것이 보이고, 황룡과 청룡의 모습이 보인다. 그중에 황룡의 몸에 보이는 색은 선명하고 오른편 청룡은 색이 비록 바랬지만 채색의 흔적이 또렷이 보인다.

② 남해 충렬사 묘비

남해는 섬이지만 남해대교가 있어 쉽게 갈 수 있는 곳이다. 진교 나들목에서 내려 커다란 섬인 남해로 들어서면, 먼저 보는 것이 남해 충렬사이다. 남해 충렬사는 충무공 이순신을 넋을 기리는 곳으로 충무공의 유구를 처음으로 안치한 곳이라 더 뜻깊은 사당이다.

충렬사의 묘비의 碑首는 화려한 채색이 눈에 들어오는 것이 특징적으로 보인다. 황룡, 청룡 구름의 채색이 방금 칠한 것으로 느껴질 정도로 선명한

---

19) 문화재청에서 발췌하였다.

데, 충무공 이순신 장군의 묘비이기에, 신경을 많이 썼다고 생각한다.

그림 60. 남해 충렬사 충무공 이순신 묘비 상단

그림 61. 남해 충렬사 충무공 이순신 묘비

3. 채색된 비석들

③ 광양 김대례 功臣碑

김대례 공신碑는 새의 표현에서 다루었지만, 여기는 碑의 채색에 대한 것이다. 공신비는 장방형의 비수로 되어 있고, 비양은 쌍용이고, 비음은 쌍학이지만 측면은 용면으로 되어 있다. 碑의 명문도 채색의 흔적이 보이지만 희미하다.

그림 62. 광양 김대례 공신碑 向 우측

碑의 좌, 우측 측면은 같게 조각되었기에 사진은 한 장만 소개한다. 碑는 전체적으로 채색되어 있으며, 측면은 龍의 얼굴만 표현하였다. 도깨비라 하는 사람도 있겠지만 뿔이 있고 수염도 멋지게 있어, 龍의 얼굴이 확실하다고 본다.

그림 63. 광양 김대례 공신碑

④ 경주 이언적 신도비

그림 64. 회재 이언적 신도비 碑首

경주 안강읍 옥산리에 있는 옥산서원은 회재 이언적[20] 선생을 존향하는 곳이다. 회재 선생 신도비는 옥산서원 내부에 있으며, 비각으로 보존되어 있어 전체 사진을 촬영하기가 어려운 곳이다. 碑首는 녹색, 붉은색, 노란 색으로 등으로 채색되어 있으며, 귀부에도 채색의 흔적이 보인다. 비음에 도 붉은색의 칠이 龍의 위엄을 보이고 있다.

회재 선생의 신도비는 옥산서원과 묘소에도 있는데 신도비의 내용이 같기에, 묘역 신도비에도 채색의 흔적이 있을까 하여 찾으러 갔다. 묘역 의 신도비에서는 채색의 흔적을 찾아보았으나, 필자의 눈으로는 확인이 되지 않았다.

---

20) 회재 이언적(1491년~1553년): 본관은 여주(驪州) 혹은 여강(驪江), 자(字)는 복고(復 古), 호(號)는 회재(晦齋), 자계옹(紫溪翁), 시호(諡號)는 문원(文元)이다.

그림 65. 회재 이언적 신도비 뒷면

⑤ 경주 최진립 장군 신도비

경주 용산서원 입구에 자리 잡은 최진립 장군 신도비는 碑首의 정면에 碑의 주인인 정무공의 이름이 있고, 그 옆으로 쌍룡이 여의주를 지키려고 하는 용트림이 보이고, 좌우 측면에는 세 마리의 龍이 수호신 역할을 하는 모습으로 조각되어 있다. 영조 때 세워진 신도비이지만 채색은 제작 당시에 한 것으로 생각된다. 귀부와 비신에서 채색의 흔적은 약하지만 자세히 보면 채색을 하였다고 생각되며, 시간이 흔적을 희미하게 한 것으로 생각된다.

그림 66. 최진립 장군 신도비 비수

좌우측의 龍이 수호신처럼 머리를 아래로 내리면서 조각되었는데, 가까이에서 보면 채색은 희미하다. 전체적으로 채색은 붉은색과 녹색이 눈에 많이 보인다. 최진립 장군의 신도비는 귀부와 碑首의 문양과 조각 기법이

독특하고 재미있는 문화유산 이야기 下

서악동에 있는 '태종무열왕릉비'를 포함한 신라 석조 미술의 영향을 받은 것으로 연구되어 학술적으로나 미술사적으로 귀중한 자료로 평가된다.

그림 67. 최진립 장군 신도비 전체

⑥ 합천 삼가 인천이씨 신도비

합천 삼가면 인천이씨 신도비는 영암사지를 답사를 하고, 점심을 먹으러 가는 길에 보았다. 그 당시에는 장날이어서 상당히 붐비는 날이어서 주차를 하고 걸어가다 보니, 신도비가 보여 사진 촬영하는데 누군가 옆에서 신도비가 대단한 것인지, 나에 물었던 기억이 있다. 碑는 고려문하시중 이작신의 신도비로 삼가농협 앞에 있다.

그림 68. 합천 삼가 이작신 신도비 **碑首**

이작신의 신도비의 채색은 황색의 칠이 보이며, 흑화 현상이 진행되고 있는 것이 보인다. 쌍용이 마주 보고 있는 모습이 어릴 적 보았던 차전놀이를 하는 것으로 표현되었다. 비신에 보이는 명문에도 주칠의 흔적이 남아 있어, 신도비에 많은 정성을 보인 것으로 생각된다. 다만 신도비를 제작한 시기가 적혀 있지 않아 의문만 남기는데, 이 작신을 기록을 찾아보니『고려사절요』, 조선왕조실록에도 나오지 않는다. 다만 삼가현 읍지에는 기록이 보인다.

이작신의 기록이 보이지 않는 것은 공민왕의 뜻을 거슬러 귀양을 갔기 때문인 것으로 생각되지만, 문하시중을 지낸 인물의 기록이 없다는 것이 아쉬운 마음이 든다.

그림 69. 합천 삼가 이작신 신도비

⑦ 함양 구졸암 신도비

구졸암 양희[21] 신도비는 비각을 세워 보존되고 있으나 문이 잠겨 있어

21) 본관은 남원(南原), 자는 구이(懼而), 호는 구졸암(九拙菴) 조선전기 파주목사, 장례원
판결사, 동지사 등을 역임한 문신이며, 노정(盧禎)·이후백(李後白)과 함께 도의와 학
문을 닦아, 영남의 삼걸(三傑)이라 일컬어졌다.

사진 촬영에 어려움이 많았다. 후손들께서 보호 차원에서 비각을 만들지만, 사진이 필요한 필자는 전체 사진을 촬영하지 못하는 것이 아쉽다.

그림 70. 함양 구졸암 신도비

신도비의 碑首는 다른 신도비와 달리 龍의 표현이 보이지 않는다. 짙게 표현된 청색의 하늘과 붉은 태양, 고사리로 모양의 문양, 세모 모양으로 된 작고, 크게 표현된 나무가 보인다. 山의 표현이나 태양, 고사리무늬를 표현할 때 線을 주칠로 한 것이 다른 비석과 차이를 보이고 있다. 그리고 山을 표현한 세모가 마치 동물의 이빨처럼 보이는데, 필자만의 생각이 아닐까 한다. 비수 뒷면에는 비양과 같은 문양이 있고, 비각의 천정에는 사찰에서 보이는 비천상이 보이고 있다. 碑의 명문에서 글을 지은 이가 율곡 이이 선생의 함자(銜字)가 보여, 『율곡전서』에 찾아보니 보이지 않았다.

그림 71. 율곡 이이 명문

3. 채색된 비석들

⑧ 함양 남계서원 묘정비

조선 시대 五賢의 한 분이신 일두 정여창을 배향하는 남계서원에는 묘정비가 비각 내부에 있다. 비각은 크고 비는 작게 보이지만 가까이 가 보면 비는 필자의 눈높이보다 크게 만들어 졌다.

묘정비는 풍영루를 지나면 向 왼편에 자리 잡고 있으며, 비신의 명문에는 주칠을 하였고, 碑를 덮고 있는 지붕돌은 여러 가지 채색으로 되어 있어 이채롭기만 하다. 碑의 지붕돌 측면은 붉은 꽃으로 장식되었으며, 아

그림 73. 함양 남계서원 묘정비

그림 74. 함양 남계서원 묘정 碑 屋蓋

3. 채색된 비석들

랫부분은 연속적인 덩굴무늬가 보인다. 연한 하늘색, 노란색, 붉은색 등의 여러 색채로 아름답게 꾸며졌지만, 퇴색이 많이 되었다. 묘정비를 만들 당시의 아름다운 채색은 거의 보이지 않지만, 비각으로 인해 어느 정도 보호되었기에 볼 수 있었다고 생각된다.

⑨ 화순 청풍[22] 면장 양회복 철비

한반도에 많은 비석 중 鐵로 만든 것도 있으며, 남아 있는 숫자는 100좌 이내이다. 철비에서 채색된 것은 2좌로 보이지만, 鐵이라는 것은 습기로 인해 녹이 쓸기에 만든 당시에 채색을 한 것으로 생각된다. 남아 있는 철비의 채색은 만들 당시의 모습으로 남아 있지 않으며, 지금의 시선으로는 채색의 흔적이 보이지 않기에 추정만 하고 있다.

화순 청풍면 철비는 1박2일 답사를 하고 저녁 무렵에 촬영하였다. 3단의 받침과 유난히 눈에 띄는 주칠이 압권이다. 비수는 소의 뿔과 같은 느낌이며, 연꽃무늬가 있다. 이 철비는 양회복 면장이 재임 중 호세를 전액 대납하였기에 면민들이 철비를 세웠다고 한다.

---

22) 조선 고종 때 나주부 능주군 세청면과 신풍면으로 있다가 1914년 2개 面을 통합하여 청풍면이 되었다.

그림 75. 화순 청풍면 양회복 면장 철비

⑩ 장흥 장동면장 안형중 철비

마지막으로는 장흥의 면장 안형중 철비이다. 안형중 철비는 '수성당'이라는 기와집 마당에 있으며, 故 심충성 선생이 촬영한 철비 사진은 주칠의 흔적이 잘 남아 있다.

그러나 필자가 촬영한 사진을 보면 역광이어서 그런지 채색은 되었지만 양회복 철비와 같이 붉은색이 잘 나타나지 않는다. 비수는 불꽃을 형

그림 76. 장흥 장동면장 안형중 철비

독특하고 재미있는 문화유산 이야기 下

상화하였으며, 그 아래 좌우에는 卍자 문양이 있어, 철비가 오래도록 보존되기를 기원하는 의미가 있는 것으로 풀이된다. 마을 사람들이 면장의 시혜를 입어서 철비를 세웠다고 한다.

철비를 조사하는 과정에서 보면 대부분 주칠이 없는 것이었으나, 만들 당시에는 습기에 약한 철비에 채색을 하였다고 본다. 다만 관리 부실과 야외에 있는 철비들이 색이 벗겨져 지금의 상태로 남아 있다고 생각된다.

한반도에는 많은 비석이 존재한다. 신도비, 묘정비, 묘비, 유허비, 선정불망비 등등 있으며, 그중에는 채색을 한 것이 많았다고 생각된다. 다만 채색된 비석의 많이 남아 있지 않기에 우리가 보지 못하는 것이다. 앞과 같이 소개된 채색된 碑 외에도 더 있을 것으로 생각되지만, 필자가 사진 촬영하고 본 것은 9좌뿐이다. 앞으로 더 조사하고 발품을 팔면 있을 것으로 생각되기에 다음을 기약한다.

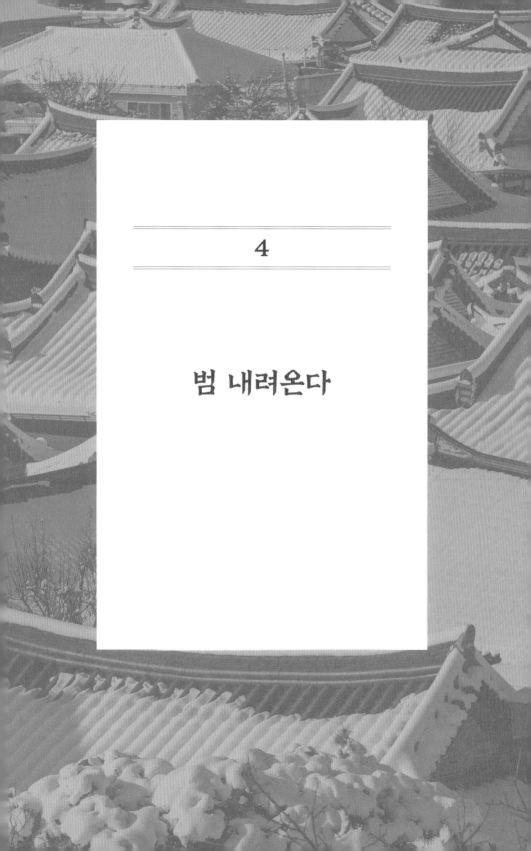

4

범 내려온다

범은 호랑이와 같은 말로 쓰이며, 전설은 전국 곳곳에 남아 있다. 그래서인지 호랑이 그림이나, 석상이 많이 보인다. 수많은 호랑이 표현 중에서 독특한 것만 골라서 소개한다.

① 창원 불곡사 일주문 호랑이

불곡사 일주문은 원래 웅천도호부 객사의 삼문(三門)이었다. 삼문은 대궐이나 관청 앞에 있는 門이었으며, 이 삼문은 1822년 웅천향교로 옮겨졌으나 일제의 문화 말살 정책으로 웅천향교가 철거되고, 공자 등 위패가 땅에 묻히면서 버려져 있는 것을 1943년에 우담화상이 이곳으로 옮겨 세웠다고 전해진다.

불곡사 호랑이는 向 좌측에 있으며, 눈을 크게 뜨고 입을 벌리고 있어, 위엄과 무서움은 어디에도 없다. 입을 크게 벌려 제정신이 아닌 것처럼 귀엽게 표현되었다. 龍의 머리와 꼬리 사이에 동그란 두 눈을 한 얼굴의 호랑이가 있다. 일주문을 자세히 보면 좌우로 길게 표현된 龍이 보이는데, 그 위에 호랑이가 타고 놀고 있는 것처럼 느껴진다. 용호상박이라는 말이 있지만 여기는 龍과 호랑이의 친밀도가 상당히 높게 보인다.

그림 77. 창원 불곡사 호랑이 1

그림 78. 창원 불곡사 호랑이 2

일주문에 표현된 것들 중에는 거북이, 龍, 물고기가 표현되어 있고, 그 중에 호랑이는 사람을 보고 반기는 건지 귀엽게 웃는 것처럼 느껴진다.

사찰에 들어오는 신도들이 좋아서 입을 벌리고 있는 것인지 아니면, 사찰을 수호하는 의미를 잃어버린 것인지 알 수 없다. 호랑이는 정면에서 보면 마치 토끼 같은 느낌도 있다. 정면으로 보았을 때 호랑이는 암수 구분이 되지 않지만, 일주문 뒷부분에는 수놈이라는 것을 알 수 있는 표현이 있다.

그림 79. 창원 불곡사 호랑이 3

눈의 표현과 입 벌린 호랑의 표정이 갈 때마다 느끼지만 귀엽다는 생각이 절로 든다. 객사의 삼문에 어떠한 이유로 호랑이 조각상을 하였는지 알 수 없지만, 국내에 남아 있는 조각상이나 그림 중 호랑이의 표현 중 압권으로 생각된다.

독특하고 재미있는 문화유산 이야기 下

② 김제 금산사 보제루 호랑이

김제 금산사 보제루에는 토끼가 매달려 있는데 토끼가 있으면, 다른 동물도 있지 않을까 하여 찾아보니 호랑이가 있었다. 보제루 창방 위에서 세 개의 소로에 매달려 울부짖는 모습이며, 등을 구부리고 포효하는 모습이 영락없는 호랑이다. 왜 하필 호랑이를 조각하였을까 생각하면 반대편에 숨은 토끼를 찾으려다, 찾지 못하여 울부짖는다 생각되지만 필자만의 추정이다.

그림 80. 김제 금산사 보제루 호랑이

보제루에 보이는 호랑이는 크지는 않지만 호랑이가 가진 특징을 잘 나나내고 있다. 매서운 눈과 포효하는 입과 줄무늬가 '산중지왕'이라는 것을 알려 주고 있다.

③ 의성 고운사 우화루 호랑이

그림 81. 의성 고운사 우화루 호랑이

　의성 고운사의 우화루는 조선 시대의 건축물로 알려져 있으며, 고운사
는 이름에 알 수 있듯이 최치원 관계되는 사찰이기도 하다. 고운사에는
호랑이 벽화가 있지만 소개하지 않고, 우화루 용마루에 보이는 호랑이를
소개한다.

　용마루는 지붕 가운데 부분의 가장 높은 곳에 있는 수평적인 곳으로, 좌우
끝부분은 대부분 취두(치미)나 龍머리로 장식한다. 그런데 우화루는 용머리
가 아니고 호랑이 머리를 표현하였고, 그 아래에는 호랑이 벽화가 보인다.

다르게 생각하면 호랑이 머리에, 용마루는 龍의 몸통이라서 새로운 상상의 동물이 태어난 것으로 생각된다. 아래를 굽어보는 호랑이의 모습은 사람처럼 보일 수 있지만, 잡상[23]과 같은 것은 아닌 것으로 생각된다. 여덟팔자 모양의 수염과 감은 듯한 눈의 호랑이는 용마루 위에서 무엇을 상상하고, 바라보고 있는지 궁금증을 자아낸다. 사람들의 생각에 따라 달라지겠지만 어떤 사람은 사람의 형상으로 보는 이도 있다. 그러나 보는 각도와 생각에 따라 사물을 지칭하는 데 있어서는 다르기에 필자는 호랑이로 보고 글을 썼다.

④ 합천 인천이씨 호랑이 귀부

龜趺(귀부)라는 것은 비석, 전패[24] 등의 아랫부분 받침을 지칭하는 것으로, 대부분 龍, 거북이가 주류를 이룬다. 그리고 통일신라 시대, 고려 시대는 獅子 형상으로 만든 것으로 있다. 대표적인 것이 사자 석등이다. 조선 시대 들어서는 선정불망비의 범람으로 인해서인지 다양한 모양의 귀부가 보인다. 조선 시대의 귀부는 다양하게 만들지만 龍, 거북이 모양에서 크게 벗어나지 않는 것도 특이한 현상이다.

합천에 묘지 답사를 갔더니 그곳엔 생각하지도 않은 귀부가 보였다. 귀부가 호랑이인 것은 국내에서 처음 보는 것이고, 하나밖에 없는 귀부로 여겨진다. 호랑이는 산신을 대행하는 것으로 알려져 있어 靈物(영물)로 취급받고 있고, 묘지를 지키는 山神을 역할을 하는 것으로 생각된다. 그

---

23) 잡상은 궁궐이나 누각 등의 지붕 위 네 귀에 덧얹는 여러 가지 짐승 모양으로 만든 기와.
24) 조선 시대 각 고을의 객사(客舍)에 봉안한, '殿(전)' 자를 새긴 나무 패.

리고 가장 특징적인 것은 호랑이 귀부가 받침 좌우, 또는 전후에 표현되었기에 국내에서 가장 독특한 귀부로 생각된다.

귀부가 호랑이라는 것이 더 독특하게 생각되고, 山을 지키는 산신이기에 좌우나, 전후에 표현한 것으로 풀이된다. 칠곡부사 이담명 영사비도 『독특하고 재미있는 문화유산이야기』上, 中, 下에 포함시켜서 소개하였고, 인천이씨 묘비도 3번이나 소개하였는데 필자의 생각에는 가장 독특한 것이어서 그렇게 한 것으로 생각된다.

많은 묘비가 있지만 호랑이로 귀부를 조성하였다는 발생 자체가 독특한 것이고, 조선 16세기에 만든 것으로 추정되기에 더욱 오랫동안 보존되기를 희망하여 본다. 그리고 전국 사찰에는 호랑이 벽화가 너무 많아 어느 하나를 특정하여 소개할 수 없기에 소개하지 않는다.

호랑이 귀부[25]를 보면 산에 사는 호랑이이지만, 웅크린 모습에 줄무늬는 안 보이고 매서운 눈은 어디 가고 커다란 눈망울만 보이고, 포효하는 커다란 입은 굳게 다물고 있다. 산새들의 놀이터가 되어 버린 이마의 줄무늬는 호랑이의 무서움을 없애 버렸다.

커다란 빗돌을 지고 좌우를 경계하며 무거운 줄 모르고 밤이슬, 바람과 친구 되어 오랜 세월 누군가 해코지할까 빗돌 지키느라 날래고 야무졌던 몸이 이제는 이빨 빠진 늙은 몸이 되었다. 어홍!! 소리도 못 하고 언제 다시 백수의 왕이 되려나 생각하여 본다. 호랑이를 아래에서 위로 쳐다보면 맹수의 얼굴이 아니고 웃고 있는 귀여운 형상이어서, 사나운 호랑이로 생각하면 안 될 것으로 보인다. 호랑이는 많은 전설이 전해 오는데 그런 영

---

25) 보호 차원에서 위치는 밝히지 아니한다.

향으로 인해 호랑이 그림이 그려지고 나중에는 귀부를 조성하는데 영향으로 미친 것으로 생각된다.

　필사가 처음 호랑이 귀부를 보았을 때는 자세히 보지 않고, 그냥 碑의 받침이려니, 하다가 호랑이로 귀부이기에 필자의 눈빛이 빛나고, 답사를 하여서 이렇게 재미있고 독특한 것을 볼 수 있었다는 것에 희열을 느꼈다.

그림 83. 합천 인천이씨 묘비 향 우측 호랑이

그림 84. 합천 인천이씨 묘비 향 좌측 호랑이

독특하고 재미있는 문화유산 이야기 下

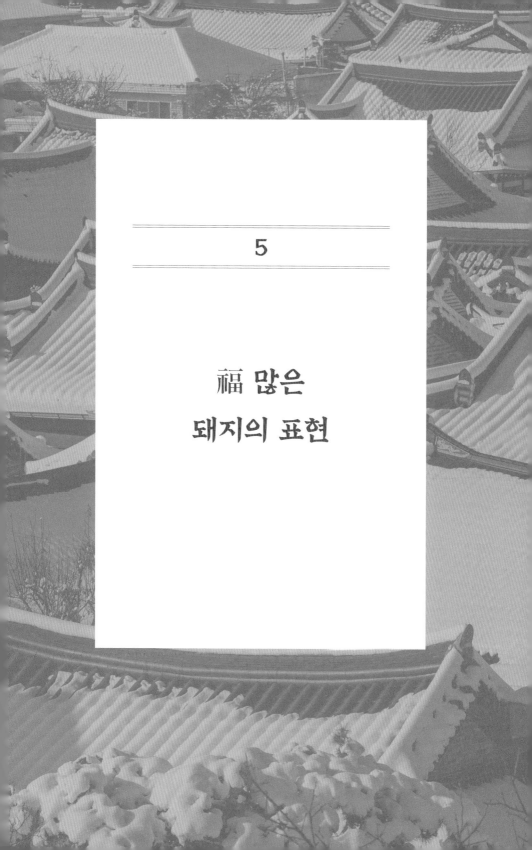

5

福 많은
돼지의 표현

돼지는 풍요, 번영, 등의 상징성을 가지고 있는 동물이다. 그리고 우리에게는 삼겹살을 가진 것으로 알려진 먹거리이다.

① 청도 대산사 석탑

대산사를 가려면 울창한 숲을 자랑하는 숲길을 따라 대산 저수지를 지나 1.5km 정도 오르다 보면 작고 아담한 대산사를 만나게 된다. 대산사로 올라오는 길이 꼬불꼬불하여 뱀 모양과 흡사하다. 그래서 풍수지리에 따르면 대산사 형상이 제비가 알을 품고 있는 형상이라, 뱀이 대산사의 제비 알을 훔쳐 가지 않도록 돼지 형상을 탑에 조성했다고 알려져 있다. 제비 알(대산사)도 보호하려고, 뱀을 쫓는 멧돼지가 탑에 새겨진 것이다.

그림 85. 청도 대산사 석탑

그림 86. 청도 대산사 석탑 지대석 멧돼지

5. 福 많은 돼지의 표현

② 창원 성주사

청도 대산사는 돼지를 석탑에 새겨 뱀을 경계하였지만, 창원 성주는 2
마리 돼지 석상을 만들어 놓았다. 성주사는 절터가 제비 둥지이고, 대웅
전의 앞의 山이 뱀의 형상이기에, 뱀으로부터 절을 지키고자 돼지 석상을
만들었다고 한다. 대산사 올라가는 길은 뱀처럼 꼬불꼬불하지만, 성주사
는 주차장이 사찰의 권역에서 멀지 않아 조금 차이가 난다.

부처를 지키는 것은 龍, 호랑이 등이지만 돼지가 지킴이를 한다는 것은
독특한 일이라 생각이 든다. 이러한 것은 풍수지리에 의해서 사찰의 자리
가 정해지기에, 뱀과 돼지의 이야기 생성되었다고 본다.

그림 87. 창원 성주사 돼지 석상

성주사 돼지는 종각을 지나 좌측으로 오르면 계단 위에 2마리의 돼지가
있다. 귀는 쫑긋 세워서, 뱀의 소리를 경계하고, 입은 크게 벌려서 사찰에

오는 佛者를 반기고 있다.

③성주 감응사

성주 감응사는 봉로대를 보기 위해 성주에 답사를 가서 우연히 들린 사찰이었다. 성주 어느 지역에 있는 봉로대를 보고 다른 지역 답사할 겸 가다가, 감응사 이정표가 보이기에 사찰에 들린 것이다. 차를 몰아 감응사 올라가는데 승용차 1대만 다닐 정도이고, 꼬불꼬불한 길이다. 주차하고 오르니 돼지 석상이 보였다. 필자의 추정으로 여기도 길이 뱀처럼 생겨서 돼지 석상을 두었구나 생각하였다. 사찰에 문의하니 길도 그렇고 사찰이나 불자들에게 福 많이 받으시라고 세웠다고 한다.

그림 88. 감응사 돼지 석상

마침 올라가는 시간이 정오 무렵이라 석상에 전봇대의 그림자가 드리웠다. 작고 아담한 돼지 석상은 들어오는 입구를 바라보고 있으며, 앞으로 이 돼지는 감응사를 福되게 하고 뱀으로부터 지키는 수호신으로 자라날 것이다.

④ 경주 불국사

불국사 극락전 처마 밑에 현판으로 가려져 오랫동안 보이지 않다가, 2007년에 발견되었다. 돼지는 임진왜란 이후에 중수된 건물이지만 돼지는 어떤 이유로 조각되었는지는 알려지지 않았다. 지금은 누구나 볼 수 있고, 만질 수 있게 새로운 조각상을 두었다. 많은 사람들이 복을 빌어 이제는 극락전 복 돼지라 이름 불리고 있다.

불국사에는 극락전 돼지 이외도 대웅전에도 있지만 그에 대한 언급은 부각되지 않고 있다. 대웅전 내부를 사진 촬영하기가 많이 어렵기 때문인

그림 89. 불국사 극락전 돼지

독특하고 재미있는 문화유산 이야기 下

것도 있지만, 자세히 보지 않으면 보이지 않는 것도 한몫한다고 본다.

불국사 극락전 돼지는 현판 뒤에 있어, 살피지 않으면 보기 힘든 곳에 있다. 전체적인 모습은 아직 어린 멧돼지 모습인데, 멧돼지로 아닌 것으로 보는 시각도 있다. 임진왜란 이후 복원한 건물에 왜 멧돼지를 조성하였는지의 기원은 알려지지 않았지만, 알려진 후 많은 분들이 찾고 있다.

목조 건물은 화재에 약하기에 물(水)을 상징하는 것을 두거나, 아니면 그와 비슷한 것을 두어 화재를 피하고 하였다. 대표적인 것이 통도사의 소금 단지나, 순천 선암사 목조 건물에 보이는 水, 海 글자 등이다. 목조 건물에 돼지를 조성하였다는 것은 그 당시의 상황을 알지 못하는 것도 있으며, 아니면 멧돼지와 불국사의 재미있는 이야기가 있을 테지만 알려진 것은 없다. 우리는 멧돼지를 보고 그냥 복을 받으면 된다. 있으면 좋은 것이다.

그림 90. 불국사 극락전 황금 돼지

극락전 앞의 황금 돼지는 현판 뒤의 돼지를 만질 수 없기에, 사람들이 쉽게 만질 수 있게 만든 것이다. 돼지를 만지면 福을 받을 수 있다고 하여 많은 인기를 얻고 있다. 불국사에는 극락전 돼지 이외도 돼지가 있다. 쉽게 볼 수 없는 것은 극락전 돼지와 같다. 다만 많이 안 알려져 있기에 어디에 있는지 모르는 경우가 많다.

그림 91. 불국사 대웅전 돼지

불국사 대웅전 좌우측 천장에는 돼지가 있다. 대웅전에 보이는 돼지는 창방[26] 위에 다리를 접어 앉아 있다. 하얀 돼지는 대웅전을 좌우를 지키는

---

26) 공포가 구성되는 목조 건축물의 기둥머리에서 기둥과 기둥을 연결해 주는 건축 부재(部材).

것인지, 아니면 불자들이 행동을 하나하나 지켜보는 것 같다. 색이 하얀 돼지는 어떠한 복을 주는지. 어떠한 목적으로 조성되었는지는 알려지지 않았지만, 불국사에는 극락전 돼지 이외도 돼지가 더 있음을 알았으면 한다.

⑤ 완주 송광사

송광사는 순천과 완주에 있으나, 대부분 송광사라 함은 순천 송광사를 떠올린다. 완주 송광사는 몇 번을 답사 가서 필요한 사진을 촬영하였다. 송광사 일주문을 지나면 사천왕상이 용맹무쌍한 모습으로 서 있다.

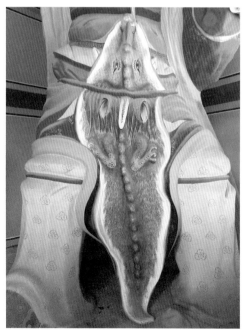

그림 92. 완산 송광사 동방지국천왕

5. 福 많은 돼지의 표현

그중에 무장한 갑옷을 자세히 보니 멧돼지 모습이 보였다. 사천왕상을 사진 촬영할 때 전체적인 모습이나 발에 밟힌 악귀에 관심이 더 가기에, 무장한 옷은 관심이 덜하다. 완주 송광사 동방지국천왕의 갑옷에는 멧돼지 형상을 한 것이 보이는데, 멧돼지의 용맹성을 갑옷에 입힌 것으로 생각된다. 어떤 사람은 다른 곳에서 멧돼지 갑옷이 있다고 하지만 필자는 보지 못하여 완주 송광사만 소개한다.

⑥ 영주 소백산 돼지바위

그림 93. 영주 소백산 돼지바위 1

2016년 추석 연휴에 경북 영주를 답사하면서, 초암사로 경유하는 소백산 등산을 갔다. 등산의 목적은 석륜암지 석탑부재를 보는 것이었지만, 덤으로 돼지바위도 보게 되었다. 돼지바위가 서울 북한산에도 있지만 그곳은 직접 촬영하지 않았기에, 책에 넣지 않는다.

그림 94. 영주 소백산 돼지바위 2

　이 돼지바위는 초암사에서 1시 30분 정도 올라가야 볼 수 있으며, 필자
는 아침 8시 올랐다가 정오 무렵에 내려왔다. 돼지바위는 눈을 지그시 감
고 낮잠을 자는 듯한 모습을 하고 있고, 얼굴이 통통하고 귀여운 복 돼지
형상이다. 돼지바위를 만지면 福이 온다는 이야기가 있기에, 등산객들은
이 돼지바위를 만지고 등산을 하고 있다. 필자도 만졌는데 복은 언제 오
는가 하는 생각도 하였다. 자연적으로 만들어졌지만, 많은 사람들이 좋아
하고, 아끼면 좋은 것이다. 필자는 4시간 등산을 하고 나서 배가 고파서
추석 연휴로 휴무가 많은 가운데 문을 연 식당들을 찾아다니며 허기를 채
우려 고생한 기억만 남는 돼지바위 답사이다. 자연이 주는 아름다움도 좋
지만, 돼지바위도 훼손되지 않기를 바란다. 철원 심원사 돼지 석상 이야
기는 직접 보지 않았기에 소개하지 아니한다.

6

용맹스런 獅子

獅子는 용맹스럽고, 잔인함을 갖춘 맹수이다. 동양권에서 사자는 어떠한 두려움도 없으며, 모든 짐승들을 위엄과 권위로 굴복시키는 제왕이나 성인의 상징으로 여겨지는데, 불교의 영향이 크다고 본다. 이러한 영향으로 師子吼(사자후), 사자 석상, 四 사자 석탑 등이 나타나고, 나중에는 그와 비슷한 해태도 생성되는 요소가 되었다고 본다. 사자가 표현된 것을 필자 나름대로 소개한다.

① 경주 장항리 석조좌대 사자

그림 95. 경주 장항리 석조좌대 사자 1

독특하고 재미있는 문화유산 이야기 下

경주 감포에서 토함산을 오르면 중간 지점에 장항리 寺址가 있으며, 절 이름은 모르며, 석탑과 여러 석조 부재가 남아 있다.

장항리 절터에 보이는 사자(獅子)는 석조좌대에 있으며, 귀엽고 재미있게, 표현되었다. 커다란 사자를 아주 귀엽게 표현한 발상이 1000년 그대로 남아 있으니, 사자상의 백미로 생각된다. 사자는 석조좌대에서 표현되어 그리 크지 않다. 오른손을 귀에 대고, 왼손은 15도 정도 위로 올렸다. 그리고 오른 다리는 구부려 급소를 막고, 왼발은 구부려 뛰어오를 준비를 하고 있다.

그림 96. 경주 장항리 석조좌대 사자 2

뭐든 상상의 이야기를 붙이면 되는 것인데, 사자후를 터트려 할 사자가 작아서 무섭지는 않고, 끌어안고 싶은 충동이 생기고 귀여움이 넘치고 있

6. 용맹스런 獅子

기에, 어찌 미워할 수 있으랴! 장항리 사지 사자는 많은 사람들이 알고 있지만 사자의 작례에 포함할까 많은 고민을 하였다. 문화유산 답사가나 관심이 많은 분들은 알지만 일반인들이나, 이 책을 읽을 어린이들을 위해 소개하기로 하였다.

② 합천 영암사지 사자

합천 가회면에 있는 영암사지는 많은 문화재 답사자들이 찾는 폐사지이기도 하다. 그곳엔 쌍사자 석등, 탑비의 대좌 등이 있으며, 금당 터에는 사자 像이 각기 다른 모습으로 여러 있다. 동쪽의 사자상은 그중에 형태가 온전하게 보이며, 삽살개와 비슷하여, 관심이 없으면 지나칠 수 있다.

그림 97. 합천 영암사지 사자 1

영암사지의 보이는 사자는 돼지와 삽살개가 합쳐진 모양처럼 보이고,

사자의 용맹스러움이 보이지 않는다. 웅크리고 고개를 좌측으로 돌려서 바라보며, 기단 아래에 자리 잡고 편히 쉬는 모습처럼 느껴진다. 귀의 모습을 보면 삽살개 같고 코를 보면 돼지 같은데, 獅子라 하기에는 망설여지기도 한다. 동서남북을 지키는 사자는 세월로 인해 늙었고, 바람에 의해 마멸되어 제 모습이 아니기에, 위엄 없는 사자로 낙인될까 두려워 기단 아래 숨어 있을까 하는 상상도 하여 본다.

그림 98. 합천 영암사지 사자 2

③ 청송 대전사 사자

청송 주왕산은 많은 인파로 인해 가을에는 들어가기가 어려운 곳이다. 2023년 10월 말에 청송에 여행을 갔는데, 주왕산 가는 길이 차가 막혀 대전사에는 들리지도 못하였다. 2011년 이후 대전사를 몇 번이나 갔지만 대전사 대웅전의 사자를 보려고 하였지만, 결국에는 필요한 사진 몇 장만 촬영하였다.

그림 99. 청송 대전사 사자 1

대전사 대웅전의 사자는 자세히 살펴야 볼 수 있다. 수미단 위 불상의 대좌 아래에서 받치고 있는 형상이다. 귀엽고 귀여운 눈망울로 앞을 바라보고, 2마리는 하늘을 쳐다보며 있는데. 가운데 보이는 사자는 입을 벌리고 초롱초롱한 눈빛으로 정면을 응시하고 있다. 3마리 사자의 크기는 20cm 정도로 작게 표현되었다. 사자는 4방위에 두어 사방을 경계하는데,

무거운 佛像을 지고 있느라 제대로 자기의 할 일을 하지 못하고 있다. 사
자는 채색을 하여, 더 귀여운 형상으로 보이고, 정면을 응시하는 가운데
사자는 귀여움의 극치를 보여 주는 것처럼 느껴진다.

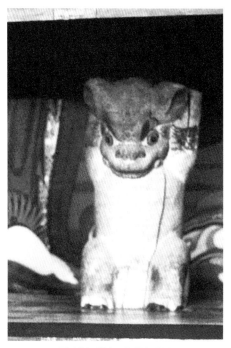

그림 100. 청송 대전사 사자 2

　필자의 생각은 관광 상품으로 만들었으면 더욱 좋을 것으로 생각한다.
'사자를 왜 저리 만들었을까?' 하는 생각을 하여 보면, 한반도는 사자가 없
는 지역으로, 싱상만으로 사자를 조각하다 보니 귀여운 사자가 조각된 것
으로 생각된다. 상상을 더해 만든 사자상은 용맹스러움보다 귀여움에 마
음을 빼앗기니, 3마리 사자상이 가장 독특함이 묻어나는 것으로 생각된다.

애기 사자 3마리(대전사 사자를 생각하며)

옥산 이희득

애기 사자 3마리

부처를 모시느라

눈을 부릅뜨고

작고 귀여운

몸집으로

몸이 부서져라

무거운 좌대를 지고 있네

힘세고 용맹한

수사자들은 어디 갔느냐!

어린 사자 학대로

부처님께서 다스리겠지!

양손을 들고 있는 모습

귀엽기도 하지만 불쌍하기도 하네!

언제부터 삼손 같은 힘이 있어

무거운 좌대를 지고 있나

행여나 나의 손심을

바라지 말게나!

나도 아픈 몸

돕지 못하는 심정

행여나 눈길 마주칠까

줄행랑을 치니

가슴속이 아파 온다오!!

다음 生엔 힘 있는 將帥로 태어나기를

④ 순천 동화사 사자

동화사는 전국에 많이 보이고 있다. 대표적인 것이 대구 동화사, 청주 동화사이다. 순천에도 동화사가 있으며 입구에 들어가면 아름다운 석탑이 우뚝 서 있는 모습이 인상적인 곳이다. 동화사 대웅전 수미단에는 여러 조각들이 있으며, 그중에 사자 2마리가 다투는 모양이 보인다.

그림 101. 순천 동화사 사자

자세히 보면 손으로 밀치며 싸우는 모양인데 어떤 사람은 권투를 한다고 하며, 레슬링한다는 표현도 한다. 수미단 한 귀퉁이에 표현되어 있어 작게 조각된 것이라, 사자가 아닌 것으로 보이기도 하다. 입을 꽉 물고 눈을 부라리고 서로 잡아먹을 듯한 표정이 압권이다. 과연 누가 이길까! 결론은 나지 않는다. 부처를 서로 지키겠다는 의지가 몸짓에서 나오는데 누가 이기면 뭐 하겠느냐! 이렇게 대치하다 한세월 보내고 있는 것이다.

⑤ 구례 화엄사 사자

화엄사 각황전은 밖에서 보면 2층이지만 내부는 1층으로 된 큰 전각이다. 내부에는 다보불, 아미타불, 석가모니불이 안치되어 있으며, 대좌 아래에는 귀여운 6마리의 사자가 있다. 모양으로 보았을 때는 나한들이 사자를 품고 있는 모양으로 대좌를 받치고 있는 것처럼 보이지만, 매달려 있는 느낌이 강하다.

그림 102. 각황전 석가모니불 대좌 사자

멀리서 사진을 찍어서 희미하지만 크기는 청송 대전사의 비슷하며, 사자의 표현이 앙증맞으며, 귀엽게 만든 것은 지역적으로 큰 차이가 없는 것으로 보인다. 6마리의 사자가 있지만 모양이 비슷하고 확대하여 보면 재미있는 표정이 보인다.

그림 103. 각황전 사자 1

그림 104. 각황전 사자 2

사자는 두 발을 곧추세우고 고개를 돌려서 도와 달라는 표정을 하고 있다. 덩치는 작은데, 부처님의 대좌는 무거워 힘들게 들고 있는 것처럼 보인다.

그림 105. 각황전 다보불 사자

사자는 힘세고 용맹스럽다. 그런데 사자를 작고 귀엽게 만든 것은 호랑이가 무서워 해학적으로 표현한 그림처럼 무서움은 친근하게 표현하는 우리 선조들의 역발상으로 보면 화엄사 각황전의 사자나 청송 대전사는 예술적 사자라 부르고 싶다. 사자의 표현은 신라 왕릉부터 시작하여 여러 곳에서 보이고 있다. 그 많은 사자의 작례를 소개하지 않고 여기서 줄인다.

그림 106. 각황전 아미타불 사자

독특하고 재미있는 문화유산 이야기 下

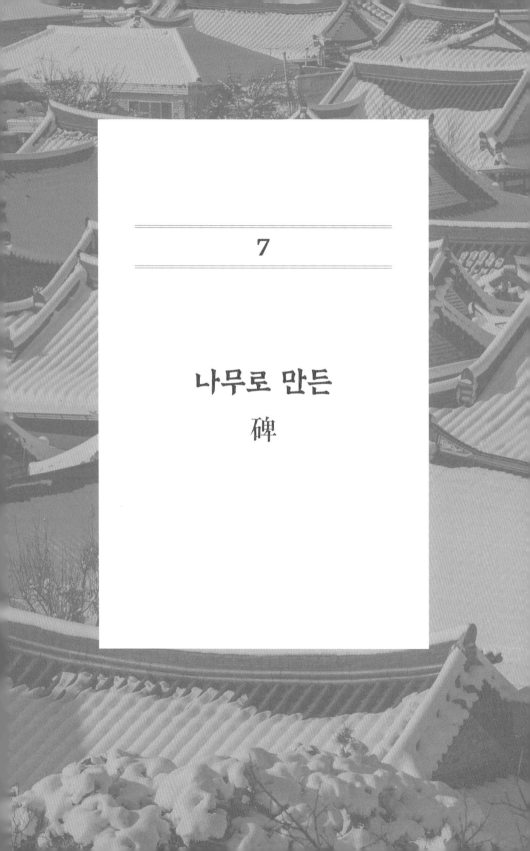

7

나무로 만든

碑

비석이라는 것은 한자에서도 보이듯이 돌로 만든 기둥을 뜻하는 것이다. 그러나 돌이라는 것은 자르고 다듬는 시간이 오래 걸리는 단점과 만든 후에는 인위적으로 훼손하지 않는 한 오래 보존되는 장점이 있다. 비석의 재료는 돌, 나무, 철 등이 있지만 그중에 나무로 만든 碑는 그리 많지 않는다.

필자가 『한국의 철비』[27]라는 책에서 96좌의 철비가 존재한다 하였으며, 돌로 만든 선정불망비, 신도비 등은 합이 2만 여좌가 있을 것으로 추정된다. 수많은 비석 중에 나무로 만든 碑는 몇 좌가 있을까 하여 조사하여 보니 16여 좌 정도가 있었다. 분포를 보면 대부분 경상도에서만 보이고 나머지 1좌는 전라도에서 보인다. 대부분 검은 흑칠에 통으로 만들어 습기를 방지하고 옻칠을 하여 방충, 방습하여 오래 보존하고자 하는 기능이 되어 있었다.

---

27) 『한국철비대관』에는 98좌의 철비가 있다고 되어 있다.

(1) 어사 이면상 불망비

암행어사 이면상 불망碑[28]는 송광사 고경스님[29]께서 자료를 주셨다. 『한국의 철비』라는 책을 보내 드리고, 한 달 후에 송광사 박물관에 갔더니 어사 이면상에 대해 여러 이야기를 나누다 목비에 관한 자료를 주셨다. 원래 어사 이면상 불망비는 선암사 박물관에 있는 것이었다.

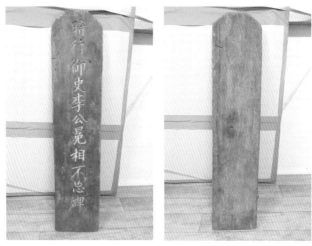
그림 107. 암행어사 이면상 불망비 앞과 뒤

어사 이면상의 불망비는 필자가 조사한 자료에 의하면 9좌가 되며, 그 중에는 송광사에 있으나 현대에 세워진 부도전 입구에 쪼개져 소맷돌로 쓰이고 있다. 다르게 생각하면 잘 보존하여야 할 것으로 생각되지만, 암

---

28) 이면상 불망비는 2023년 11월 25일 선암사 관계자와 통화하여 허락을 받았다.
29) 송광사 고경스님은 현재 송광사 성보박물관 관장이시다.

행어사의 횡포에 의한 惡감정에 불망비가 둘로 쪼개진 신세가 된 것으로 생각된다.

이면상은 1892년에 암행어사가 되어 남도를 순시하며, 백성의 고통을 덜기 위해서는 수령구임법(守令久任法)이 필요하며, 계방촌(契防村)을 혁파할 것 등을 건의하였다는 기록이 보인다.

이면상의 목비는 상부는 반월형이며, 뒷면에는 글이 없고 앞면에는 '암행어사 이면상 불망비'라 되어 있다.

그림 108. 암행어사 이면상 碑 설립일

설립 시기는 신묘 5월이라 되어 있다. 신묘년은 1891년이다. 『조선왕조실록』에는 1892년에 암행어사 서계(書啓)가 도착하였다는 기록이 있어,

1891년에 암행어사에 임명되어 활동하여 보고서 격인 서계가 나중에 도착한 것으로 생각된다. 다만 1891년에 암행어사에 임명되었다는 기록과 1891년에는 이면상의 기록이 승정원일기에는 보이지 않은 것은 암행어사 활동 중이었기에 기록이 없는 것으로 생각된다.

그림 109. 암행어사 이면상 비 뒷면 - 고흥

고흥에 있는 암행어사 이면상의 碑의 뒷면에는 신묘년 9월과 광서 17년 이라는 명문이 있기에, 이면상의 암행어사 임명 시기는 1891년으로 보아야 할 것으로 생각된다.

(2) 표충사 영사각 불망비

표충사에는 6좌의 목비가 있으며, 碑가 영사각 내부에 잘 보존되고 있다. 6좌의 목비는 양산군수 이휘정[30], 경상도관찰사 심경택[31], 밀양부사 심의복[32], 월파당 천유, 태허당 남붕, 가의대부 김종원이다.

6좌의 목비는 표충사 경내에 있는 표충 서원과 관련이 있다. 헌종 5년 (1839) 사명대사의 8세 법손 월파당 천유가 영정사(현재 표충사) 주지로 있을 당시에 밀양부사 심의복과 그의 아들 순상[33] 심경택의 도움을 받았다. 그리고 가의대부 참판 김종원[34]에 청하여 예조의 승인을 얻은 뒤, 양산군수 이휘정의 통솔 하에 무안면 중산리 웅동에 있었던 표충사(表忠祠)를 영정사로 옮기고 편액을 표충서원(表忠書院)이라 하였다.

6좌 목비에 보이는 명문을 풀이하지 않고 크기와 날짜만 표기한다. 명문이 어려운 것도 있지만 명문보다는 목비가 남아 있다는 것을 알리기 위한 것으로 목비만 소개한다.

번호	비명	세로	가로	두께	설립 시기
1	건원주 태허당 남붕영세불망비	168	42.5	9	1855년
2	양산군수 이휘정 유공불망비	169.8	41.5	9.5	1863년
3	가선대부 참판 김종원 영세불망비	138	35.5	7.5	뒷면에 명문이 없음

---

30) 李彙廷(1799-1876): 퇴계 이황 후손으로 1860년에 양산군수로 있었다.
31) 沈敬澤(1805년, 순조 5~?): 1858년 경상도 관찰사로 있었다.
32) 沈宜復(?~?): 조선 후기 인물로 1838년에 밀양부사로 있었으며, 심경택의 부친이다.
33) 순상(巡相)은 경상도 관찰사를 말한다.
34) 김종원에 대한 자세한 내력은 알아내지 못하였다.

4	이원주 월파당 천유영세불망비	147.5	45.3	8.8	1859년
5	순상국 심경택 영세불망비	146.8	45.5	10.7	1859년
6	행부백 심의복 영세불망비	151.5	45.5	10.5	1859년

단위(cm)

① 건원주 태허당 남붕 영세불망비

② 양산군수 이휘정 유공불망비

③ 가선대부 참판 김종원 영세불망비

④ 이원주 월파당 천유 영세불망비

독특하고 재미있는 문화유산 이야기 下

⑥ 행부백 심의복 영세불망비

　　　　　독특하고 재미있는 문화유산 이야기 下

(3) 기림사 성보박물관 불망비

① 동명당 대선사 설초 공적비

그림 110. 기림사 성보박물관 대선사 설초 공덕비(조선 후기) 95×20×7.1cm

② 기림사 성보박물관 갑자 갑술공비

그림 111. 기림사 성보박물관 갑자 갑술공비(1831년) 168×44.5×8.7cm

독특하고 재미있는 문화유산 이야기 下

③ 기림사 성보박물관 수장고 목비

　기림사에는 8좌에 목비가 있다고 하나 전시되어 있는 것은 2좌이다. 목비는 대선사 설초 공덕비와 갑자 갑술공비[35]이다. 나머지 6좌는 수장고 있다 하여 확인을 못 하였다.

　기림사 성보박물관 목비는 조선 후기 기림사의 중수 상황을 알 수 있는 것으로 중요한 자료로 평가받고 있지만 수장고의 목비는 어떠한 연유로 만든 것인지 알 수 없다. 처음에 목비를 조사할 때 밀양 표충사가 제일 많은 것으로 알았지만, 더 조사하여 보니 기림사 8좌의 목비가 있다 하였다. 수장고에 있는 목비를 볼 수 없다는 것이 많이 아쉬운 결과지만 실측 자료와 목비의 碑名은 알아냈다.

번호	비명	세로	가로	두께	설립 시기
1	염불계대성공비	180.5	43.4	11.4	1754년
2	김부윤공덕비	134.5	39.5	8.7	1786년
3	무오갑술공비	148.5	40.4	8.3	1828년
4	첨지최공측실월성이씨유공비	80	27.3	6.6	1848년
5	부윤노상공휘영경송덕비	74.7	21.6	2.6	1892년
6	부윤유공원생비	131	36.5	10	조선 후기

단위(cm)

　기림사 성보박물관에 있는 목비는 18세기 후반부터 19세기 후반까지의 목비로 경주 부윤과 여성의 목비 그리고 기림사와 관계되는 목비가 있는 것으로 파악되었다.

---

35) 2023년 12월 5일 사용 허락을 받았다.

(4) 포항 오어사 성보박물관

　오어사 성보박물관[36]에는 2좌의 목비가 있으며, 목비 앞에는 유리를 두어 훼손을 방지하였다. 목비는 염불계원유공비(念佛契員有功碑)와 칠성계원유공비(七星契員有功碑)이다. 목비를 내용을 간단히 정리하면 오어사 승려와 마을 사람 150여 명이 참여하여, 契를 조직하고, 사찰의 재정을 마련하였다는 내용이다. 조선은 유교를 사상으로 하는 국가이기에, 사찰에 대한 탄압이 많았을 것이고, 그래서 지방의 사찰은 재정적으로 많은 어려움을 겪었을 것으로 생각된다. 그리하여 계를 조직하여, 사찰의 재정을 도와준 것으로 보인다.

　필자가 지금까지 조사한 목비는 17좌이나, 직접 보지 못한 것이 6좌이다. 그러나 순천 선암사 성보박물관과 기림사 성보박물관처럼 공개되지 않은 것이 있을 수 있으므로 더 많은 목비가 있다고 추정된다.

번호	비명	세로	가로	두께	설립 시기
1	염불계원유공비	152	49.5	6.5	1873년
2	칠성계원유공비	155.3	54	6.3	1864년

단위(cm)

　오어사 목비는 1864년과 1873년에 제작된 것으로 9년이라는 시차를 두고 제작되어, 사찰의 재정을 2번이나 도와준 것으로 생각된다. 조선 후기는 사찰이나 백성들이 많은 어려운 시기이었는데, 십시일반 모아 사찰을

---

36) 2023년 12월 1일 사용 허락을 받았다.

도왔다는 것은 사찰과 지역 주민 간에 유대관계가 깊은 것으로 생각되며,
한 번도 아니고 2번이나 재정적 도움을 주었다는 것은 큰 의의로 보인다.

① 칠성계원유공비

그림 112. 오어사 성보박물관 칠성계원유공비

② 염불계원유공비

그림 113. 오어사 성보박물관 염불계원유공비

독특하고 재미있는 문화유산 이야기 下

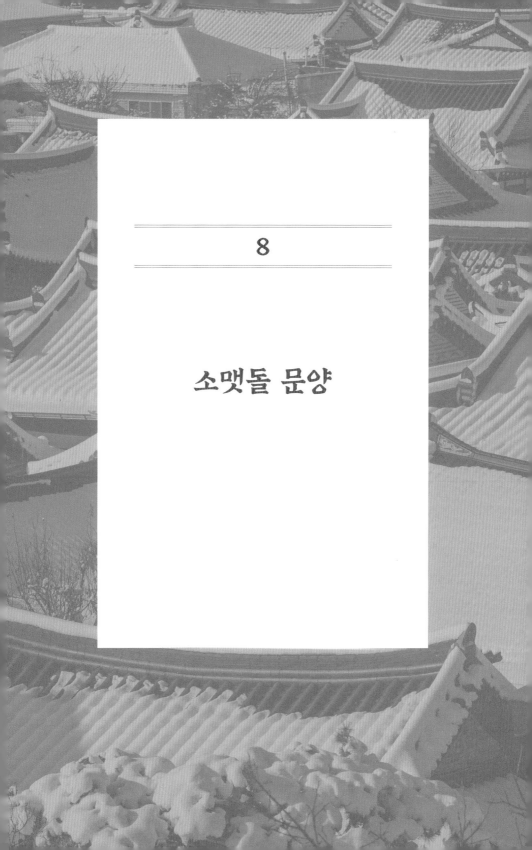

8

소맷돌 문양

소맷돌이라는 것은 전각을 올라가는 계단 난간 부분을 지칭한다. 이 난간 부분에는 문양을 넣어 장식하는 곳이 궁궐, 사찰 그리고 객사, 등에서 보이고 있다. 문양은 구름, 용, 도깨비(귀문) 등이 주류를 이루고 있다. 그 중에 궁궐은 난간에 해태를 장식하는 것이 많이 보이고, 사찰은 연화문 장식이 많이 보이지만 꼭 그렇지는 않다.

① 통도사 소맷돌

통도사 대웅전은 건물의 편액이 동쪽은 대웅전, 남쪽은 금강계단, 서쪽은 대방광전, 북쪽은 적멸보궁으로 되어 있는 독특한 건물이다. 동쪽 방향에서 대웅전으로 들어가려면 계단이 있으며, 그곳에 소맷돌이 있다. 소맷돌이라는 용어가 언제부터 쓰였는지는 모르지만, 반원형 모양이 있다.

그곳에 보이는 문양은 연꽃으로 장식을 하였다. 특히 연꽃은 사찰에서 많이 보이는 것으로 불, 보살이 앉아 있는 연화좌, 그리고 전각 내의 천장, 등등 많은 곳에서 장식되고 있는 것이 가장 큰 특징이다. 연꽃은 인도의 고대 신화에서 비롯되어 불교가 성립하기 이전에 인도의 브라만교의 상징적

그림 114. 통도사 대웅전 向 우측 소맷돌

인 존재이었는데, 혼돈의 물 밑에서 잠자는 영원한 정령인 나라야나[37]의 배꼽에서 연꽃이 솟아났다는 신화가 있어. 연꽃은 우주 창조와 모든 것의 생성의 뜻을 지니고 있다.

통도사 대웅전과 금강계단[38]에는 연화문을 장식한 소맷돌이 있으며, 기단에도 연꽃으로 장식되어 있다. 연꽃은 서방정토에 왕생할 때 연꽃 속에서 다시 태어난다는 의미가 내포되어 있고, 대웅전은 석가모니가 주좌하고 계시기에 여기는 연화장 세계를 나타내려고 연화문으로 장식되었다고 생각된다.

그리고 이 연화문은 전각의 기단뿐만 아니라 전각 판벽이나 벽화 등에

---

37) 힌두 신화에 나오는 비슈누의 화신(化身). 끝없는 물이라는 뜻으로, 물과 관련이 있는 신이다

38) 여기서 말하는 금강계단은 편액을 말하며 수계를 받는 금강계단과는 다르다.

만개한 연꽃마다 동자가 앉아 있는 경우가 있는데, 그것을 대표하는 것이 파주 보광사이다. 전각의 기단 아래나 소맷돌에서 연꽃을 장식한 것은 연꽃이 피어 있는 연밭이나 蓮池에 대웅전을 세운 것으로 풀이된다. 연꽃은 청정의 의미도 있어, 늪이나 연못에서 자라지만 펄 속에 물들지 않고, 맑으며, 우리가 알 수 없는 미묘한 향을 가지고 있다고 한다. 이러한 것이 불교에 유입되어 청정과 고결, 미묘(微妙)의 상징으로 자리 잡게 되어, 오늘날에 이르고 있다.

그림 115. 통도사 대웅전 向 좌측 소맷돌

동쪽은 대웅전, 남쪽은 금강계단의 편액을 가진 건물이 통도사에만 있는 것이 아니지만, 기단 아래 만발한 연화문은 연꽃의 세상에서 건축된 것을 상징하는 것이다. 연꽃 중에서 여덟 개의 꽃잎의 연화는 불교의 상징적이고 아주 중요한 의미를 지니고 있다. 여덟 개의 연화는 불법의 진

그림 116. 통도사 금강계단 소맷돌

그림 117. 통도사 금강계단

리를 상징하는 것이고, 대자비의 다른 표현으로 나타내고 있다.

우리가 많이 보는 연꽃은 불교와 깊은 관련이 있기에, 단순하게 꽃으로 보면 예쁘고 아름답지만 진리와 연화생의 의미를 알았으면 한다. 그러한 의미가 소맷돌에 새겨진 것으로 보는 시각을 가져야 할 것으로 생각된다.

그림 118. 통도사 대웅전 기단 연꽃

소맷돌에 보이는 연꽃의 모양은 연꽃 줄기가 꽃을 휘감아 축대 아래 향하는 모양이 대부분이고, 가운데 사람이 다니는 계단에는 용의 비늘을 새긴 곳도 있어, 반야용선(般若龍船)³⁹⁾의 의미가 내포되어 있다.

통도사 대웅전과 금강계단에는 소맷돌이 있지만, 또 다른 편액 있는 대방광전이나 적멸보궁이 있는 곳은 소맷돌이 없기에 또 다른 특징의 건물이기도 하다. 소맷돌에 연화문이 통도사에만 있는 것이 아니고 다른 사찰

---

39) 중생이 극락정토를 향해 반야의 지혜에 의지하여 용선을 타고 바다를 건너는 모습을 그린 그림.

　　　　　　　　　　　독특하고 재미있는 문화유산 이야기 下

에서도 보이고 민가의 사당 건물에서 보인다. 대표적인 것이 부산 범어사 대웅전이고 울산의 영천 최씨 사당인 활산정에도 보인다.

부산 범어사 대웅전 소맷돌과 기단에도 연화문을 장식하였는데, 시기적으로 범어사와 통도사를 같은 장인 집단의 작품으로 보는 사람도 있지만 기록이 알려진 것이 없다.

그림 119. 범어사 대웅전 소맷돌

② 울산 활산정 소맷돌

울산 북구 활산정(活山亭)은 영천최씨 문중의 정자로 활천 최주남의 호를 따서 지은 것이다. 원래는 울산시 범서읍 사연리에 있었는데 사연댐이 건설되면 수몰 위기에 몰리자 현재의 위치로 옮겨 복원하였다.

처음 활산정에 방문하여 정자를 바라보니 일반적인 정자의 건물이 아니었다. 龍도 있고 호랑이도 있고 봉황도 있어 아주 특색이 있는 정자로 생각되었다. 그리고 정자로 올라가는 곳에 사찰에서 보이는 소맷돌이 보여 '어디서 저렇게 아름다운 소맷돌이 민가의 건축물에 있을 수 있을까.' 하는 생각이 먼저 들었다. 시대적으로는 조선 말기나 근대의 건축물로 추정되나, 전통적인 정자 건물이 아닌 것으로 생각되며, 이와 비슷한 정자는 화려함의 극치인 임실 운서정이 생각날 정도이다.

그림 120. 울산 북구 활산정 向 우측 소맷돌

　　　　　　　　　독특하고 재미있는 문화유산 이야기 下

그리고 여기 소맷돌에는 문양이 있으며, 사찰과 달리 국화 문양[40]을 넣었다. 국화는 매란국죽에 속하는 것으로 아름다움과 우아함의 상징이고, 선비의 고귀함과 품격을 나타내기에, 유교적 건물인 활산정에는 잘 어울리는 문양인 것으로 생각된다. 소맷돌은 정자의 건물에서는 보기 드문 것이라 문화유산 답사자들에게는 매우 흥미로운 곳으로 알려져 있다.

그림 121. 울산 북구 활산정 向 좌측 소맷돌

③ 속초 신흥사 소맷돌

설악산 아래에 자리 잡은 신흥사는 30대 초에 여행을 간 기억이 있고, 그 당시에는 사진기도 없었기에 그냥 둘러본 느낌이 강한 곳이다. 문화유산을 답사를 하면서 석탑, 부도 불상을 보러 가면서 소맷돌의 문양에 깊

---

40) 국화 문양을 다른 시각으로 연화문으로 보기도 하는데 필자는 선비의 상징인 국화로 보았다.

은 관심도 가졌다. 통도사, 범어사는 소맷돌에 연화문이 강조되었고, 속 초 신흥사는 귀면[41]이 새겨져 잇다.

우리가 보는 귀면은 대부분 몸뚱이는 보이지 않는 형태이지만, 장식은 소맷돌에만 보이지 않고 여러 곳에서 나타난다. 얼굴을 보면 뿔과 송곳니 가 특징으로 나타나며, 입에는 물고기를 물고 있는데, 龍과는 다르다고 생 각한다. 비석에 보이는 龍은 여의주를 손아귀에 쥐고 있든 아니면 입에 물고 있는 것이지만 귀면은 당초, 연꽃을 물고 있는 형태가 대부분이다. 귀면은 연원은 인도의 사원에 보이는 키르티무카[42]로 생각된다. 키르티 와 무카의 합성어로 영광의 얼굴이라는 뜻으로 알려져 있다.

그림 122. 속초 신흥사 소맷돌

---

41) 용의 얼굴로 보는 시각도 있다.
42) 뿔과 큰 이빨이 특징으로, 인도를 비롯한 동남아시아의 건축물(특히 사원)을 장식하 는 데 쓰이곤 한다. 이름인 '키르티무카'는 영광의 얼굴이라는 뜻이다.

필자의 생각은 영광의 얼굴이 중국의 상상의 동물인 龍과 비슷하여 중국을 거쳐 한반도로 오면서 龍의 얼굴로 형태로 굳어진 것으로 풀이된다. 영광의 얼굴은 시바신의 무서운 것을 표현하고 벽사(사악한 것을 물리치는 것)의 기능을 하는 것이다.

속초 신흥사 극락보전에 올라가는 계단의 소맷돌에는 원형의 귀면이 있으며 부리부리한 눈과 날카로운 송곳니를 표현하고, 정면으로는 용두(龍頭)가 보인다. 통도사와 범어사의 소맷돌에는 연꽃을 표현하였으나 신흥사에는 귀면을 새겨 차이를 보이고 있다. 그리고 통도사의 연화문은 연꽃 줄기가 꽃을 휘감아 축대 아래 향하는 모양이지만 속초 신흥사는 태극 문양을 새겨 이채로우며, 이 태극은 단순하면서 심오한 뜻을 가졌다. 그 중에 연화생과 비슷하여 만물의 생성과 소멸과 성장에 관련 있으므로 새긴 것으로 생각된다.

그림 123. 속초 신흥사 소맷돌 용머리

소맷돌의 용두는 극락보전과 관련이 있는 반야용선의 다른 표현으로 생각된다. 사찰에서의 반야용선의 대표적인 것은 통도사의 반야용선으로 극락전 벽화에 나타나고, 다른 곳의 반야용선으로는 제천 신륵사 유명하다. 불교에서 말하는 반야용선은 사바세계에서 피안(彼岸)의 극락정토로 건너가는 배를 말하며, 반야는 진리는 깨달은 지혜, 바라밀다는 피안의 세계로 간다는 뜻이다. 피안의 세계로 가기 위해서는 탈것이 필요하다.

용머리는 반야용선의 앞부분이 되고, 부처님이 계신 법당은 배의 내부에 있는 선실이 되는데, 불자들이 머물면 극락정토에 부처님과 함께 가는 있는 것이다. 이러한 뜻으로 용두를 새겼다고 생각하면, 법당으로 올라가는 것이 곧 극락정토에 가려고 하는 것과 마찬가지로 생각된다. 이러한 표현이 속초 신흥사에만 있는 것이 아니고 청도 대적사, 해남 미황사, 여수 흥국사에서도 보이고 있다. 그중에 청도 대적사는 소맷돌이 유명하여 많은 문화유산 답사자들이 찾는 곳이기도 하다.

그림 124. 청도 대적사 소맷돌

청도 대적사 소맷돌은 속초 신흥사와 달리 귀면으로 하지 않고, 꿈틀대는 龍을 표현하였다. 기단과 소맷돌에는 거북이를 새겨, 물을 표현하였으며, 반야용선이 피안으로 가고 있는 것을 보여 주고 있다.

귀면은 사찰에서만 보이는 것이 아니라 조선 시대 객사의 소맷돌에도 보이고 있는데, 남원 용성 초등학교에는 조선 시대 객사인 용성관[43]의 흔적이 남아 있는데, 용성관은 사라지고 소맷돌은 교사(校舍)의 계단으로 이용되고 있다. 남원이 자랑하는 조선 시대 3대 건물 중 하나인 용성관은 사진으로만 남아 있어, 아쉽지만 석물 중 하나인 소맷돌이 옛 영광을 대신한다고 생각한다. 용성관의 소맷돌은 굵은 테두리 전체 면에 귀면을 새겼지만, 아래는 흙에 파묻혀 귀면의 무서움과 벽사 기능이 보이지 않을 정도이다. 조금 더 신경 쓰면 귀면이 보일 거라는 생각이 드는 소맷돌이었다.

그림 125. 남원 용성관 소맷돌 귀면

43) 조선 태조의 전패(殿牌: 전(殿) 자를 새긴 나무패로 왕의 상징임)를 모시어 '휼문관'이라고도 하였고, 그 규모가 웅대하고 아름다워 남원 광한루, 관왕묘와 함께 고대 건물의 3대 건물로 불리었다.

9

아름다운
상석(床石)

사람이 삶을 마감하고 묻히는 곳이 무덤이다. 무덤의 변화는 많이 있으며, 석탑과 묘탑도 일종의 무덤이다. 무덤의 석물들은 기본적으로 왕릉은 크고 화려한 면이 보이며, 사대부의 능은 무인석 또는 문인석과 상석, 그리고 향로석으로 조성하는 것이다. 그중에 상석(床石)은 장방형으로 조성하고, 민무늬나 墓主의 함자를 새겨 놓은 경우가 허다하다. 그렇지만 필자가 본 몇 좌의 상석은 화려한 문양으로 조각을 하여, 문화유산으로 가치가 있는 것으로 보았다.

상석의 용도는 무덤 앞에 제물을 차리고 제사를 지내기 위해 돌로 만들어 놓은 床으로 무덤에는 거의 있다. 그중에 필자가 생각하기를 아름답고 화려한 상석만 소개한다.

① 진주허씨 묘 상석

허씨의 묘[44]는 '1. 하늘을 나는 새'에서 다루었다. 그렇지만 상석의 문양도 아름다움이 있기에 소개하는 것이다.

---

44) 많이 알려진 곳이지만 책에서는 위치를 공개하지 않는다.

그림 126. 진주허씨 묘 상석

　허씨 묘의 상석은 화려한 장식이 눈에 들어오는데, 상석 좌우 다리의 문양이 당초문으로 보인다.

　"상석 전면에 조선시대 經床 등의 목가구에서 등장하는 박쥐형
　풍혈과 당초문 및 호족형 다리가 조각되어 있으며, 그 중앙에는
　香盒을 넣어두기 위한 방형의 홈을 뚫어 놓았다."[45)]

　부인의 묘나 상석의 무늬는 큰 차이는 없으나, 지방 무덤에서 화려함이 무슨 의미를 뜻하는 지 몰라 만든 당시의 허씨 후손들과 장인의 생각이 궁금하다. 지방의 부호나 실세를 나타내려고 한 것도 있겠지만 그것보다도, 무덤에서 보이는 여러 석물의 독특함과 아름다움이 더 눈에 들어오는

---

45) 문화재청 홈페이지에서 발췌하였다.

것은 막을 수 없다.

그림 127. 진주허씨 묘 상석의 다리 표현

상석에 보이는 다리는 우리가 자주 보는 상다리를 거침없는 솜씨로 부드러운 곡선과 힘 있어 보이게 표현해 인상적이다.

② 진주조씨 묘 상석

조씨 묘역은 망주석, 월문이라는 주제로 『독특하고 재미있는 문화유산 이야기 中』에 소개한 적이 있다. 이곳의 묘의 상석과 마찬가지로 상석에 문양이 보이지만, 여기는 연속성을 가진 당초 문양을 새겨 놓았다.

당초 문양은 고구려 고분 벽화를 비롯하여 여러 장신구에 보일 정도로 성행하였는데. 문양은 구름무늬, 초화문 등등 다양한 표현이 많다. 여기에 보이는 상석의 문양은 넝쿨과 혼합된 모란당초로 생각되지만, 필자만의 추정이므로 아닐 수 있다. 특히 문양이 조선 시대 도자기에 많이 보이는 회화적인 당초문이 느낌도 들기에 더욱 눈길이 오래 머물게 되는 것은 월문(月文)에 보이는 龍과 조화가 아닐까 한다.

그림 128. 조씨 묘 상석 1

여기의 묘역에는 앞서 보이는 것보다 화려한 상석이 1좌 더 있다. 혼유석이라는 부르는 사람도 있지만 필자는 통일성을 위해 상석이라 하겠다. 처음에 이 상석은 묘역이 무너져 봉분을 덮어 놓았기에 보지 못하였지만, 후손 되시는 분께서 탁본 사진을 보여 주셨기에 상석의 아름다움을 알았다. 보자 말자 '이런 문양에 상석에 새기다니.' 하는 혼란스러움이 먼저 오고 아름다움에 눈을 떼지 못하는 결과를 가져왔다. 그야말로 아름다움의 극치요 상석으로는 그 아름다움이 넘쳐흘러, 이 문양 하나만으로 보물급 이상의 가치를 지녔다고 생각된다.

예전에 보았던 조선의 카펫인 모담(毛毯)[46]이 생각날 정도로 정교하고 채색을 했더라면 하는 아쉬움이 오래도록 가는 상석이었다. 상석을 보면서 어떻게 표현해야 될지 고민을 많이 하였으며, 필자의 어휘로는 도저히 안 될 정도의 상석으로 평가하고 싶다. '이러한 상석을 어떤 생각으로 만들었을까!' 하는 생각이 먼저 들고, 다행인 것은 500년이 넘도록 보존된 것은 神의 축복이라 말하고 싶다.

그림 129. 조씨 묘 상석 2

상석은 테두리 당초문으로 장식하고 내부는 봉황이 춤을 추는 모습이지만, 대칭인 상하로 새겨져 있어 일반적인 봉황의 모습은 아니다. 우리가 생각하는 봉황은 화려한 꼬리가 뒤로 하고 마주 보는 것이지만 여기 상석의 문양의 봉황은 하나는 위로 하나는 아래로 표현되어 독특함이라

---

46) 털실과 면실을 엮어서 짠 조선의 카펫이며, 일명 모담, 구유, 계담 이리하며, 삼국 시대, 고려, 조선 시대까지 만들었다.

는 말이 저절로 나오게 한다.

월문 아래에 조성되어 있는 상석의 문양은 두 겹으로 된 타원형의 내부에 있으며, 꼬리의 화려함과 상하로 나누어진 서기 어린 구름이 돋보이고 있다. 앞에서 말하였듯이 '채색을 하였으면 더욱 아름다운 상석이 되었을 텐데.' 하는 생각을 하여 보는데, 그 당시는 채색을 하였지만 500년을 넘은 세월 동안 벗겨졌다고 추정하여 보는 것은 아름다움이라는 말을 글로 표현하지는 못하는 필자의 아쉬움일 것이다.

부모, 아들 부부의 墓가 上, 下로 같이 있어 여러 석물들이 다른 지역에서 볼 수 없는 월문이다. 비록 도난당하였지만 독특한 망주석 등은 이 지방의 최고의 아름다운 묘역이라 칭하여도 무방하다고 생각되며, 나아가서는 조선 시대 최고의 사대부 墓로 말하고 싶다.

여러 묘역을 돌아다니면서 사진도 찍고 墓의 인물과 삶과 내력을 생각하여 보지만, 墓는 死後에 진행되기에 묘역의 후손이 어떠한 예술적 감각이

그림 130. 조씨 묘 상석(탑본) - 조수영 제공

있느냐는 것과 이러한 장인을 섭외하는 능력에 따라 묘역의 모습이 달라지는 것을 느꼈다. 특히 지방에서 이러한 작품은 예술이라 칭하여도 손색이 없을 것으로 생각된다. 상석의 아름다움은 영원히 세상 사람들의 눈과 마음속에서 길이길이 회자되어 예술 작품으로 평가될 것으로 생각된다.

특히 묘역 호석의 봉황의 모습과 상석의 봉황의 표현은 말로 표현이 어려울 정도 섬세하고 사실적인 느낌이 날 정도이다. 이 글을 쓴 뒤에 상석이 공개되어 훼손되지 않았으면 한다.

鳳凰

너울너울 아름다운 몸짓

簫韶[47]의 소리는

저절로 몸을 움직이게 하네

여기는 봉황이 춤추고

높은 하늘을 나는 곳이구나

龍은 여의주를 수호하고

鶋鶋[48]는 어디로 가느냐!

남해서 북해로

오동나무는 여러 곳에 있고

대나무 열매는 알알이 맺혔도다!

아름다운 날갯짓은

높은 덕을 鳳闕처럼 높게 하였네

부귀영화, 대대로 이어진 것은

모두 다 丹山의 새[49]의 덕이로다

---

47) 소소(簫韶)는 우(虞)나라 순(舜)임금의 음악 이름이다.

48) 봉황이라는 새의 이름이다.

49) 단산의 새는 봉황을 말하여 단혈산에 사는 새를 봉황이라는 말에서 나왔다.

③ 밀양손씨 묘 상석

    여러 지역의 명묘를 찾아다니고 있는데, 그중에 필자가 살고 있는 지역에서 가까운 곳인 밀양을 선택하였다. 검색을 하여 보니 조선 초기의 인물인 손씨 墓이었다. 2023년 10월 초에 손씨 墓를 찾으러 가니, 풀이 많아서 엄두가 나지 않아 다음을 기약하고 돌아왔다. 그리고 11월 25일 밀양손씨 묘를 가서 찾으니 이번에도 찾지 못하고 내려오다가 나무뿌리에 타이어가 터져 수리비만 20만 원이나 들었다.

    답사가 무엇인지 투덜대면서 집에 가는데, 대체 뭐가 잘못되었는지 집에 가서 되짚어 보기로 하였다. 검색도 하고 위성지도도 보고, 하다가 자

그림 131. 손씨 묘 상석

세히 보니 지번이 잘못된 것이었다. 필자가 1차 조사한 자료에 보이는 지번이 완전히 잘못된 것이었다. 그래서 며칠 후 다시 손씨 墓를 찾아가니 의외로 쉽게 찾았으며, 大路에서 그리 멀지 않은 나지막한 산등성이에 있었다.

손 선생은 조선 시대 대마도 정벌에 참여하였으며, 이후 부친의 병환을 돌보기 위해 고향으로 돌아왔다는 기록이 있다. 그리고 그의 墓에 보이는 床石에는 특이한 문양이 있는데, 도깨비(귀면) 무늬가 상석 좌우에 있다.

그림 132. 손씨 묘 상석 귀면

상석은 고석(鼓石, 고임돌)으로 되어 있는 경우가 많으며 그 고석에 도깨비 문양이 있다. 그러나 손씨 묘 상석에는 고석은 없고 상석의 다리를 만들고 그 위에 귀면을 새겼다. 귀면은 자세히 보지 않으면 보이지 않을 정도로 희미하나 고석에 새겨진 귀면보다는 현재의 가면의 형태와 비슷한 느낌이 난다. 그리고 고석에 새겨진 귀면은 무서움과 고석 자체가 둥글어서 짐승의 몸 느낌이 나지만, 여기는 그런 느낌이 덜한 것은 오랜 세월로 인하여 마멸되어 그런 것으로 생각된다.

그림 133. 상석의 고석 귀면

손씨 墓 상석의 귀면과 다른 墓의 고석 귀면은 문양에서 차이를 보이고 있다. 앞의 그림(그림 133) 귀면은 사람처럼 생긴 얼굴과 고석이 몸집처럼 느껴지지만, 손씨 墓의 상석의 귀면은 그런 느낌은 덜하다. 전국의 많은 무덤에서 상석이 있지만 그중에 손씨 묘에서 論한 문양이 더 있을 것으로 생각되지만, 필자가 본 것은 손유호 묘의 것이므로 이만 줄인다.

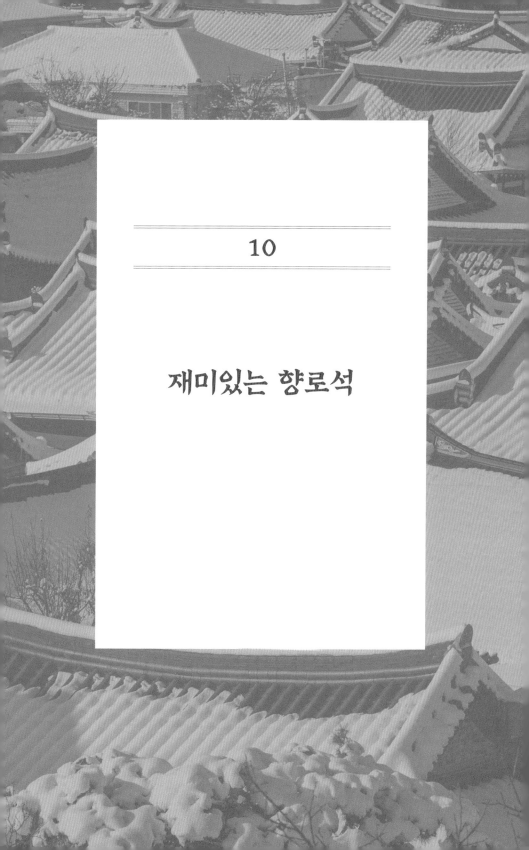

10

재미있는 향로석

무덤에는 보이는 석물은 상석뿐 아니라 문인석, 망주석 등이지만, 여기서는 그중 하나인 향로석을 소개한다. 향로석은 묘제를 지낼 때 향을 피우는 향로를 놓는 석물이다. 모양도 다양하지만 그중에 특징적인 몇 좌를 소개한다. 향로석에 대한 자료를 구하기 위해 가을에 지내는 墓祭(묘제)에 참석하거나, 영상 자료를 찾아보면, 남아 있는 향로석에 香을 피우지 않았다. 향로석을 만들 당시에는 香을 피우기 위한 용도이었지만, 필요성이 점점 줄어들고, 산불 위험성이 있기에 향로석에 향을 피우지 않는 것으로 추정된다.

　제사(祭祀)에서 사는 천신(혼백)을 말하고, 제는 지기(백골)를 나타낸다고 하였다. 香을 피우는 행위는 조상의(정신적인 측면 강조) 魂을 부르는 행위로서 아주 중요한 행위 중에 하나이므로 묘역에서의 향로석은 중요한 석물로 인식되었을 것이다. 묘역에서 향로석의 변화는 17세기부터 변화를 보이고 있다. 즉 예학과 제사에 대한 엄격함과 중요함이 묘역에 보이며, 그러한 변화에 따라 향로석의 모양이 나타난다고 추정하여 보지만 정확한 것은 아니다.

그림 134. 함안 조동호 묘 향로석(상부가 방형이다)

그림 135. 나재 채수의 묘 향로석(상부가 8각이다)

크기의 변화도 보이고 있으며, 아름답다보다는 정성을 들여서 만든 향
로석이 보인다. 향로석은 묘역에 대부분 있는 것이 아니고, 또한 어떠한
특징적인 인물의 墓에도 있는 것도 아니었다. 향로석의 모양은 상부가 방
형, 6각형, 8각형 원형으로 나타나며 받침은 다리 모양이 床 다리 형태를

보이는 것이 대부분이었다.

향로석의 상부는 방형이 모양의 주류를 이루지만, 받침의 다리는 신라 왕릉에 앉아 있는 獅子의 형상과 비슷한 느낌이 드는 향로석이 많이 보인다. 상다리를 짧게 만든 것은 그러한 느낌이 덜하지만 길게 다리를 표현한 향로석은 근육의 몸에 앉아 있는 다리를 표현하였다. 만약에 향로석의 상부(상판)을 없애고 사자의 형상을 얹으면, 향로석이 사자像 같은 느낌은 지울 수 없다.

① 창녕 양훤 묘 향로석

양훤의 묘는 합천 답사를 마치고 울산으로 오는 길에 양훤 선생의 묘를 알리는 표지판이 있어 잠시 들렀다. 여기 저기 묘역을 촬영하는 중에 양훤 묘에서 향로석을 보았는데 상부는 방형이고, 정면으로 보이는 곳에 향

그림 136. 양훤 묘 향로석

로가 표현되어 있었다.

향로석의 좌우는 꽃을 새겼으나 정면은 향을 꽂은 향로를 귀엽게 돋을 새김하였다. 향로석은 높이가 35cm 정도로 그다지 크지는 않다. 양훤 선생의 墓를 답사한 이유는 미수 허목 선생의 글씨가 있다 하여 간 것인데, 재미있는 향로석을 본 것이다. 그리고 향로가 표현된 정면이 폭이 좁은 곳이라 선각으로 표현되었으면 마멸이 되어 잘 보이지 않겠지만, 200년이 넘은 세월에도 향로석과 香爐의 표현이 잘 남아 있었다.

② 대전 송씨 묘 향로석[50]

대전에 있는 송 선생의 무덤에는 아주 재미있고 독특한 향로석이 있다. 처음에는 인지를 못하였으나, 향로석 자료가 부족하여 여기저기 검색하는 중에 찾은 것이다. 12월 초에 가려고 하였으나, 날씨가 춥다는 소식과 눈 소식에 갈 엄두를 내지 못하다가 12월 28일 대전으로 갔다. 승용차가 있지만 울산과 달리 눈이 오는 지역이라 눈길 운전은 불안해서 승용차로 답사를 가지 않은 것이다. 대전역에서 택시를 타고 30km가 넘는 거리를 달려 도착하여 보니 마을이 보이지 않은 곳에 묘역이 있었다.

묘지 답사는 인물의 마지막을 보는 것이지만, 오늘은 그것보다 향로석에 마음이 꽂혀 찾아온 것이다. 그런데 필자를 태워 온 택시 기사님 말씀이 걸작이다, 무엇을 하시는 분인데 이 산골짜기까지 오신 것이냐 한다. 연구하고, 보고 싶은 게 있어서 대전 시내에서 깊숙한 곳에 왔다고 하니,

---

50) 여기의 향로석은 많이 알려져 있지만 위치는 공개하지 않는다.

그림 137. 대전 송씨 묘 향로석

이상한 눈초리로 필자를 바라보며 이해가 되지 않는 표정을 지으신다.

각설하고 송 선생의 무덤은 다른 지역의 무덤보다 봉분이 상당히 높았으며, 봉분 앞에 있는 향로석은 서수(瑞獸)[51] 두 마리기 표현되었다. 향로석을 받들고 있으면서 한 마리는 정면을 바라보며 위엄을 나타내며, 다른한 마리는 정면을 바라보지 않고 고개를 왼쪽으로 돌려 삐딱하게 표현되었다.

---

51) 이 향로석의 동물 표현을 뭐라 할 수 없어서 편의상 서수라 하였다.

향로석에 보이는 서수는 일반적으로 생각하는 비히(패하)인 귀부로 보아야 될지 순간 망설여졌다. 또한 향로석의 받침의 동물이 하나가 아닌 쌍으로 되어 있었기에 더욱 그렇다. 쌍 귀부의 작례는 목조 쌍 귀부를 포함하여 총 8좌가 있었으며, 그중에 거북이나 龍이 아닌 경우는 고달사지 석등 귀부와 경기전 하마비 귀부이었다.

얼굴을 보아서는 사자에 가깝지만, 사자가 아닌 호랑이로 볼 수 있다는 생각을 하였다. 왜 그런 생각을 하는가 하면, 향로석과 비슷한 민화가 있기에 그런 것이다. 의친왕 기념사업회가 소장한 민화에는 호랑이 2마리가 표현되어 있어, 향로석에 보이는 서수를 다른 동물이 아닌 호랑이로 보는 이유다.

또 다른 이유는 산에 사는 짐승의 왕은 호랑이이기에 묘역을 지키고, 멧돼지나 다른 산짐승이 오지 못하게 하려고 만든 것으로도 생각된다.

『독특하고 재미있는 문화유산 이야기 中』에서도 소개하였지만, 합천 인천이씨 부인의 묘비에도 호랑이 귀부를 조성하여, 묘역의 수호신으로 되어 있는 것으로 보았을 때, 서수는 호랑이로 보아도 무방하다는 생각이 든다. 여러 향로석을 보았지만, 귀엽고 귀여운 짐승을 표현한 것은 국내에 유일한 것으로 생각되며, 전형적인 향로석에 벗어나 제일 독창적인 것으로 평가를 하고 싶다. 300년이 지난 묘역에 보이는 향로석이 오랫동안 보존되었으면 하며, 묘역에 잠든 송 선생의 사상과 철학이 더욱 많이 알려졌으면 한다.

묘지 답사는 겨울이 제일이다. 이처럼 독특한 문화유산을 보러 간다는 생각에 마음은 날아갈 것 같지만, 보고 싶어도 보지 못하는 것이 너무 많다는 것이 답사의 어려움이다.

〈호작도〉는 까치와 호랑이의 그림을 뜻하는데 조선 시대 민화에 많이 보이는 작례이다. 그중에 어미 호랑이와 새끼 2마리를 표현한 것은 보기 드문 것이다.

그림 138. 〈호작도〉 의친왕 기념 사업회 소장

새끼 2마리의 표현이 대전에 있는 송 선생 무덤의 향로석 서수와 표현이 비슷하여 소개하는 것이다. 민화와 송 선생 향로석 서수와 같은 의미로 보는 것은 억지 같지만, 비슷한 작례가 없어 필자의 생각으로 그렇게 보는 것이다.

③ 서울 목인박물관 향로석

서울 목인박물관은 보타사와 국립박물관을 답사하고 나서 시간이 남아 검색하여 보니 목인박물관이 보였다.

그림 139. 향로석 1

문화유산을 공부하다 보면 석물에 관한 것을 많이 보고 연구하는데 비해 나무로 된 문화유산은 자료가 많이 없다는 생각에 등한시하는 편이었다. 그래서 서울에 간 김에 택시를 타고 목인박물관에 들린 것이다. 부암동 사무소에서 택시에 내렸는데 초행길이라 한참을 올랐던 기억이 나고 생각 외로 볼 것이 많았다.

그림 140. 향로석 1-1

그림 141. 향로석 2

독특하고 재미있는 문화유산 이야기 下

목인박물관 목석원에서 여러 향로석을 보았는데 그중에 몇 좌만 허락을 받아 소개한다. 향로석의 상부는 약간 깨져 있지만 형태는 그대로 남아 있으며, 상부 아래에는 귀면이 보이고, 받침에는 사모관대를 선비의 모습을 새겼다. 어떤 의미를 지녔는지는 알 수 없지만 독특한 향로석이다.

2번째 소개하는 향로석은 귀면이 있는 것으로 상부는 방형이고 그 아래로 꽃을 표현하고, 다리는 굵게 되어 있으며, 다리와 다리 사이에 귀면이 험상궂게 표현되었다.

그림 142. 향로석 2-1

멀리서도 잘 보이게 귀를 크게 표현하였으며 덧니를 드러내어 무섭게 되어 있다. 이러한 것은 무덤에 잡귀가 접근하지 못하도록 하는 벽사의 의미가 있는 것으로 생각된다.

그림 143. 향로석 3

　마지막으로 소개하는 향로석은 사람의 얼굴이 정면을 바라보는 것이 표현되었는데, 눈을 감은 듯한 모습과 커다란 입이 눈에 들어온다. 마치 무뚝뚝한 경상도 남자를 보는 것처럼 느껴진다.

　앞에서 소개한 향로석 외에도 많은 것이 있지만, 여기서 줄인다. 묘역에 있는 향로석이 책에 소개되어 훼손이나 도난이 안 되었으면 한다.

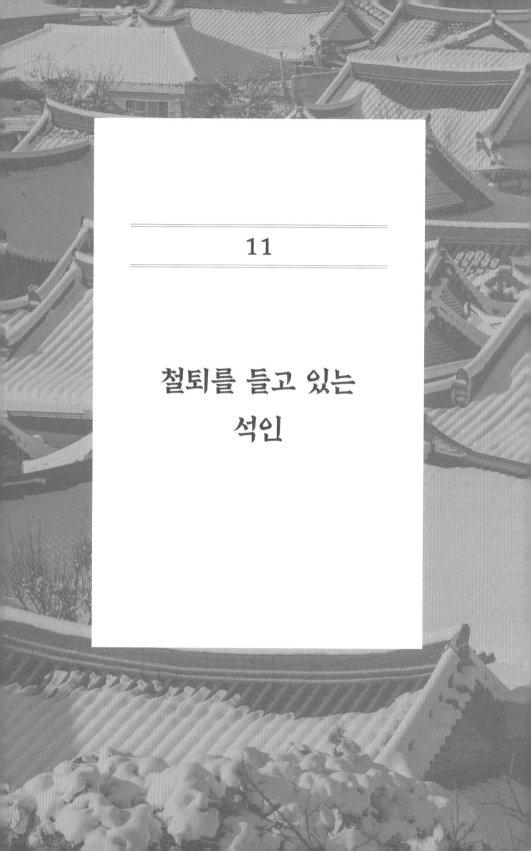

11

철퇴를 들고 있는
석인

墓에 무인상이 나타나는 것은 당나라의 영향을 받았기 때문이다. 주로 통일신라의 묘제에서 볼 수 있다.다. 더 나아가서는 무덤의 앞에 석인을 세우는 것은 북쪽 초원 지대에 사는 유목민들이 死後 무덤 앞에 죽은 자의 모습을 돌로 세우는 것이 먼저일 것이다. 통일신라부터 묘에 석인을 세우는 묘제가 더 발달하여 문무인상으로 나누어지고 불교의 영향을 받아들여 연봉을 든 모습이 나타난다고 보지만 아직 밝혀진 것이 없다. 필자가 답사를 다니면서 武人石이 연봉이나 철퇴를 들고 있는 석인을 많이 보았는데 그러한 것을 정리하여 본다.

① 창녕장씨 시조 묘 석인

창녕장씨 시조 묘의 좌우에 석인이 존재하며, 몽고의 영향을 받은 모자를 쓰고, 얼굴은 모자보다 크게 표현되었다.

긴장한 듯한 어깨와 양손으로 꽉 붙잡고 있는 것은 철퇴[52]로 보인다. 고려 충렬왕 때 졸하였다는 기록이 묘비에 보이기에 석인은 그 당시의 것으

---

52) 철퇴를 연봉으로 보는 시각도 있다.

로 생각된다.

그림 144. 창녕장씨 시조 묘 향 우측 석인

그림 145. 창녕장씨 시조 묘

좌우의 석인은 모습이 약간 달라 보이는데, 向 우측의 석인의 철퇴는 제대로 남아 있지만, 向 좌측은 철퇴의 윗부분이 마멸이 되어 보이지 않는다. 필자가 조사한 자료를 살펴보니 창녕장씨 시조 묘의 석인이 시대적으로 제일 빠른 것으로 생각되는데. 많은 묘지를 답사하지 못하였기에 장담은 하지 못한다.

또 다른 특징은 묘역에서 석인은 묘역을 지키는 역할을 하기에 무섭고, 험상궂게 되어 있는 것이지만 여기는 다른 곳의 비해 얼굴이 덜 험상궂게 생겼다. 크기도 나중에 소개하겠지만 대형에 속하는 것은 아니었다.

마을에서 그다지 멀지 않은 곳에 있어 훼손의 우려도 있지만, 600년 넘게 보존되었다는 것이 대단한 일이라고 생각된다. 그리고 창녕과 진주에 몇 좌 보이는 석인상이 모습이 비슷한데 창녕장씨의 석인상이 하나의 모태가 되었다고 생각되지만, 정확한 기록이 없어 추정만 할 뿐이다.

② 창녕 부곡 이승언 묘 석인

창녕 이승언 묘는 이장곤 묘를 보고 나서 답사를 차일피일 미루다 갔다 왔다.

부곡 마을에 있는 묘역은 그리 높지 않는 구릉에 있으며, 묘 좌우의 석인은 늘씬한 모습이다. 창녕장씨 시조 묘와 마찬가지로 몽골에서 유행한 모자를 쓰고 있으며, 손에는 연봉을 모양을 한 철퇴를 꽉 잡고 있으며, 도포 자락과 허리띠 표현이 보인다. 석인의 큰 특징은 손에 잡고 있는 철퇴가 되겠지만 필자의 생각은 코에 있다고 생각된다. 코를 펑퍼짐하게 만들어 험상궂음의 상징처럼 생각되기에 더욱 그렇다. 어깨는 경직되어 있지만 얼굴에 보이는 수염이 무인석의 느낌을 연상시킨다.

묘역의 석인들이 몽고의 영향을 받은 제주 돌하르방과 비슷하다. 돌하르방이 벽사의 기능이 있듯이, 묘역의 석인을 험상궂게 만든 것은 사악한 기운을 차단하기 위하여 만든 것으로도 해석된다.

그림 146. 이승언 묘 석인

11. 철퇴를 들고 있는 석인

③ 창녕 이장곤 묘 석인

　창녕 대합면에 있는 금헌 이장곤의 묘역에 있는 석인은 부친인 이승언과 비슷한 형태이나 석인의 위치가 다르게 되어 있다.

그림 147. 창녕 이장곤 묘 석인

　이장곤을 봉향하는 서원에서 1km 정도 떨어진 낮은 산에 위치한 곳에 묘가 있으며, 10년 전에 갔을 때보다 주차장도 넓어지고 답사하기 많이 좋아진 것이 보였다.

　일반적으로 석인은 무인석이기에 묘역 앞에 있는 것이 보통이나, 이장곤의 묘역의 경우 봉분 뒤에 석인이 자리하고 있어, 의문을 낳지만 왜 그런지 대한 것은 알 수 없다. 기록에는 문인석도 있었다고 하지만 묘역에 남아 있는 것은 무인석 2좌만 남아 있다. 무인석은 코가 펑퍼짐하게 되어 있고 철퇴를 꽉 잡은 손은 크게 표현되어 있다.

그림 148. 창녕 이장곤 묘 석인 向 좌측

이장곤과 관련된 재미있는 일화가 『청구야담』[53]에 전해 온다. 간단히 소개하면 다음과 같다.

췌유장이학사망명(贅柳匠李學士亡命)[54]

"연산군의 폭정이 심할 때 교리 벼슬을 하던 이장곤이 연산군의
미움을 사 아내를 잃고 거제도로 귀양 가는데, 그 뒤를 어명을

---

53) 조선 후기 19세기에 편찬된 작자 미상의 야담집이다.
54) 『청구야담』에 나오는 제목이다.

받든 금부도사 뒤따라오기에, 이장곤은 죽임을 당할까 낌새를 눈치채고, 금부도사와 나졸들을 따돌리고 달아났다.

연산군은 팔도에 어명을 내리고 잡아들이라는 성화가 이만저만 아니었다.

위험한 순간을 넘긴 이장곤은 전남 보성군[55]으로 피신하였다.

지친 몸을 이끌고 우물곁을 지나다가, 목이 말라서 바가지에 물을 먹으려니 물을 길던 처녀가 물 위에 버들잎을 띄워 주었다.

그것이 인연이 되어 그 처녀 집에서 머슴살이를 하였는데, 그곳은 유기장(柳器匠)[56]의 집이었다.

유기장의 데릴사위가 되었지만 양반은 일을 할 줄 모르는 시절이라, 날마다 빈둥빈둥거리며 놀기만 하고, 장인, 장모가 밥을 적게 주니 아내가 불쌍히 여겨 솥 밑 눌은밥을 더하여 대접하니 부부의 정이 심히 지극하였다.

몇 해 후 관청에 물품을 하러 갈 때 장인 대신 이장곤이 가기를 청하여 관아로 갔는데, 마침 사또로 와 있는 관리가 이장곤과 절친한 친구이었으며, 이장곤을 보더니 크게 놀라 자리에 일어나 이장곤을 상좌에 앉히며 조정에서 공을 찾은 지 이미 오래인데 왜 이제 나타났느냐고, 주찬을 내오며 관복을 정제하고 상경하기를 바란다.

그러나 이장곤은 조강지처가 있고, 유기장에서 상경한다는 것을 알리고 간다 하며, 잠시 말미를 얻어, 처가에 물품을 조달하고 왔

---

55) 다른 책에는 함경도로 나와 있다.
56) 고리버들로 제품을 만드는 사람.

음을 알리고, 곧 사또가 유기장을 찾아올 것이라 하니 유기장 부부가 크게 놀라 얼굴이 창백해지고 있을 즈음에 사또가 와서, 자초지정을 이야기하고 서둘러 상경할 것을 말한다. 그 뒤 이장곤은 서울로 올라가 벼슬이 좌찬성이 되고, 특히 부인은 임금이 후처로 삼음을 허락하여 정경부인의 품계에 올랐다고 한다.”

정경부인의 품계를 받은 부인은 이장곤의 묘도비 바로 뒤에 묘가 있다.

그림 149. 창녕 이장곤 석인 向 우측

금헌 이장곤의 묘역을 답사할 때 시간이 오후 2시경이라, 석인의 표정이 잘 나타나고 있으며, 특히 코와 눈의 표정이 압권이다.

④ 진주 하윤 묘 석인

진주 검암리에 있는 하윤 묘 석인은 필자가 처음으로 본 석인이며, 이로 인해 묘역의 석인상에 대한 관심을 가지게 되었다.

그림 150. 진주 하윤 묘 석인 1

운수당 하윤의 묘의 석상은 영모재 산 위에 있으며, 봉분 앞에 나란히 서 있다. 向 좌측은 왼쪽 가슴에 철퇴를, 向 우측은 오른쪽 가슴에 들고 있으며 크기는 금헌 이장곤의 묘역의 석인과 비슷하다. 하윤 묘의 석인의 특징은 이승언 墓 석인, 이장곤의 석인과는 모습에서 큰 차이는 없으나, 입고 있는 옷의 주름에서 약간 차이를 보이고 있다.

독특하고 재미있는 문화유산 이야기 下

창녕 부곡에 있는 이승언 墓 석인은 주름은 거의 없으며, 이장곤의 墓 석인은 주름이 그렇게 많지는 않지만, 하윤 墓 석인은 옷의 주름이 어깨에서 내려오면서 표현이 풍부하게 되어 있다. 4좌의 석인의 모습에서 돌하르방 같은 느낌은 지울 수가 없는데, 어디서 유래되었는지 알 수 없다는 것이 큰 아쉬움이다.

그림 151. 진주 하윤 묘 석인 2

철퇴(연봉)를 든 석인은 경상도에서만 보이지만, 서울 옛돌박물관[57]에도 있었다. 용인에 있을 당시에는 석인에 대한 관심이 덜해서 사진만 촬영하고 그냥 왔지만, 우리옛돌박물관 외부에 서 있는 석인을 보니, 경상도에서 본 석인과 비슷하여 출신이 경상도로 추정된다.

그림 152. 우리옛돌박물관 석인 한 쌍

몽고에서 유행하던 모자를 쓰고 있으며, 눈은 크게 표현 되었으며, 하윤 묘의 석인과 달리 옷의 주름이 표현이 보이지 않으며, 코는 크게 나타나고 있다. 向 좌측의 석인이 덩치가 크고, 向 우측의 석인의 덩치가 작게 나타나는데 시기적으로는 창녕장씨의 석인과 비슷하여 고려 말의 것으로

---

57) 세중옛돌박물관을 말하며, 우리옛돌박물관의 옛 이름이다.

독특하고 재미있는 문화유산 이야기 下

추정된다. 이러한 석인은 많이 없고 연구가 되지 않아 장담은 하지 못한다. 통일신라 시대의 무인상은 칼을 차고 있는 것이지만, 고려 말이나 조선 초중기의 석인은 철퇴를 쥐고 있어, 유목민인 몽고의 영향이 남아 있는 것으로도 생각된다.

그림 153. 우리옛돌박물관 向 좌측 석인

⑥ 옥천목씨 墓 석인

경상도에 남아 있는 석인은 대부분 철퇴를 쥐고 있으나, 충청도와 경기도의 석인은 연봉(蓮峰)을 쥐고 있다.

그림 154. 옥천목씨 전방 묘 석인

　다른 특징은 경상도의 것은 크고 우람하고, 험상궂게 생겼는데 경기도
충청도의 석인은 크지 않고, 얼굴의 표현은 그리 험상궂지는 않게 표현되
었다. 석인이 손에 쥔 지물의 변화는 연꽃, 홀 두 손으로 변화를 보이는데,
철퇴에서 다른 지물로 변화하는 석인을 찾지 못해 지물을 변화를 알아내

독특하고 재미있는 문화유산 이야기 下

지 못하였다.

옥천목씨 묘역의 석인은 4좌가 있으며, 문인석도 별도로 세워져 있다. 전방의 묘의 석인은 1m 60cm 정도이고 후방의 석인 1m가 조금 넘는다. 전방의 묘역의 석인은 좌우에 나란히 있으며, 손은 홀을 잡는 듯이 연봉을 쥐고 있으며, 모자는 투구에 가까운 모습이고, 얼굴의 표현은 인자하게 되어 있다.

후방의 묘의 석인은 앞에 묘역 석인보다는 작으며 모자의 표현은 같으나, 얼굴은 길고 손의 표현에서 약간 차이를 보이고 있다. 전방 묘역의 석인은 홀을 쥐는 모습에서 많이 보이는 것이나, 후방의 묘 석인은 손이 가지런히 있지 않고 약간 어긋나게 표현되었다. 그리고 후방의 석인 좌우가 불균형한 크기를 보이고 있는데 세월에 의한 풍화와 마멸로 생각된다.

그림 155. 옥천목씨 후방 묘 석인 1

그림 156. 옥천목씨 후방 묘 석인 2

⑦ 이천 권균 묘 석인

이천 모가면에 있는 권균의 묘역[58]은 특이한 형태의 여러 석물로 인해, 학계의 관심을 받고 있는 것으로 알려졌다.

머리의 쓴 모자는 경상도의 것과 달리 윗부분이 뾰족하지 않으며, 목이 부분이 표현되지 않았다. 연봉을 잡고 있는 손 하나는 막대 끝을 잡고 있

---

58) 권균 묘의 사진은 서울 이계재 선생 소장으로 2024년 1월 7일 허락을 받았다.

독특하고 재미있는 문화유산 이야기 下

고, 다른 한 손은 봉오리 바로 아랫부분을 잡고 있는 모습이다. 지물에 보이는 상부 원형이 연봉인지, 아니면 철퇴이었다가 마멸이 되었는지는 알 수 없다. 다만 경상도에 보이는 석인과 같이 험상궂은 인상도 아니어서 연봉으로 보아도 무방하다고 생각된다.

그림 157. 이천 권균 묘 석인

⑧ 우리옛돌박물관 석인 2

앞서 소개한 우리옛돌박물관의 석인(그림 152)은 한 쌍으로 무인석임을 알 수 있는 철퇴를 들고 있었다. 하지만 이번에 소개하는 석인[59]은 앞과(그림 152) 달리 연봉(곤봉)을 들고 있는 석인이다.

그림 158. 우리옛돌박물관 연봉을 든 석인

한 쌍의 석인은 각도를 약간 달리하여 서 있지만 모자는 원 뿔에 가까우며, 지물은 양손으로 꽉 잡고 목 아래에 一字로 세워져 있다. 경상도 석인과 권균의 묘의 석상은 지물을 비스듬히 어깨에 기대어 표현되었지만, 우리옛돌박물관 석인의 지물은 홀을 잡듯이 잡고 있다. 홀의 변화가 이 석인에서 비롯되었다고 추정되는데, 석인이 쥐고 있는 것이 연봉, 꽃, 홀로 변하는 과정에 최정점에 있는 석인으로 생각된다.

---

59) 이계재 선생소장 사진으로 허락을 받아 게재한다.

그림 159. 우리엣돌박물관 연봉을 들고 있는 석인

⑨ 청주 전의이씨 묘 석인

청주 전의이씨 묘의 석인은 묘역 상부에 있으며, 설 연휴에 답사를 갔더니 울산과 달리 많은 추운 날이라 카메라 배터리가 빨리 닳아 좋은 사진을 담지 못하였다. 아쉽지만 필요한 사진을 확인하니 몇 장은 사용할 정도는 되어 보인다.

그림 160. 청주 전의이씨 석인

석인은 묘역 좌우에 있으며, 1좌는 연봉이 마멸이 되어 보이지 않을 정도이고, 1좌는 잘 남아 있었다. 크기는 1m 조금 넘으며, 머리에 쓴 모자는 복두로 추정되지만 깨어져 있어 확인이 되지 않는다. 연봉을 비스듬히 잡고 있어 시대적으로 옥천 목씨 묘의 석인과 비슷하다고 추정되나, 정확하다고 말할 수는 없다. 이제까지 연봉을 쥐고 있는 석인을 9좌를 나열하였는데. 경기 서남부 지역에 1좌가 더 있으나 직접 촬영하지 않아 여기에 소개하지 않는다. 필자가 연봉이나 철퇴를 들고 있는 총 10좌로 생각되나, 아직도 발견하지 못한 석인들이 있을 가능성이 충분하며, 나중에라도 발견되면 추가 작업을 할 것이다.

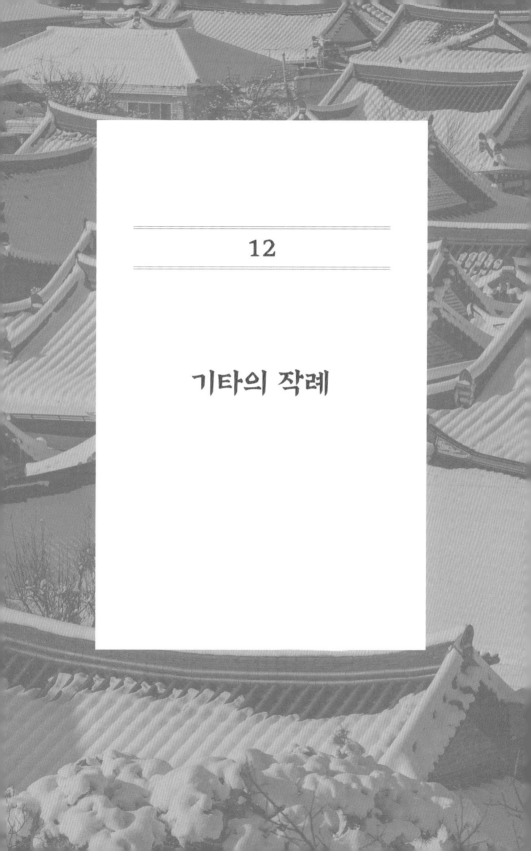

12

기타의 작례

독특하고 재미있는 문화유산이라는 주제로 여러 문화유산을 소개하였
지만, 그중에 작례가 하나만 있는 것을 소개한다.

① 함안안씨 정려

함안안씨 정려는 함안을 답사를 하고 길을 잘못 들어 다른 고속도로 진
입로 들어가다 우연히 본 것이다. 사진을 촬영할까 망설이다가 차를 돌려
서 사진 촬영한 것이다.

그림 161. 함안안씨 정려 1

　　　　　　　　　　독특하고 재미있는 문화유산 이야기 下

많은 정려각이 있지만 대부분 비각을 세우고 내부에 현판에 정려를 소개하는 것이지만, 함안안씨 정려 비각은 가장 독특한 것이 아니겠느냐 하는 생각이 들 정도이다. 어떤 사람은 동남아 지역에 있는 힌두 사원과 비슷하다고 하였고, 필자의 생각은 무엇을 표현하였는지 전혀 알 수가 없었다. 비는 비각 내부에 있으나 밖을 장식한 모든 것들이 일반적인 상식을 벗어났기에, 무어라 표현이 안 될 정도이다.

그림 162. 함안안씨 정려 2

길게 솟은 다리 아래로 황색의 귀부가 있고, 그 위로는 색색의 무늬와 처마 아래로는 부리만 보이는 새를 장식하였다. 특히 새는 녹색으로 채색되어서, 한반도에 잘 보이지 않는 새의 모습이라 더 독특한 면이 강조되었다고 생각이 든다. 멀리서 보면 비각의 모습이 정려각인지 아니면 다른 특수한 건물인지 모를 정도이다. 지붕을 받치는 4개의 다리는 길쭉하게 되어 있어 마치 황새 다리를 연상하게 하는 모습이 참으로 이질적이다.

그림 163. 함안안씨 정려 3

② 포항 정려각 솔개와 호랑이

포항 장기읍성을 답사하다 정려각이 보여 들렀더니 호랑이와 솔개가 그려진 것을 발견했다.

김시상이라는 분의 정려이며, 솔개 그림의 내용은 다음과 같다

"김시상이 홀어머니를 위하여 장기읍성 내의 시장에 가 나무를 팔아 고기를 사서 오는 도중 지인을 만나 잠시 수작하는 사이 갑

그림 164. 포항 효자 김공 정려비

자기 솔개가 날아와 고기를 차고 가는 것이었다.

난감해진 김시상이 고기를 다시 사려고 했지만 무일푼이라 어쩔 수 없이 그냥 집으로 돌아와 보니, 모친 밥상에 난데없는 고기가 덩그렇게 놓여 있었다.

어찌 된 영문인지 몰라 모친께 여쭈니 아까 솔개 한 마리가 문 앞에 날아와 무언가를 떨어뜨리는지라 집어 들고 보니 고기더라고 했다.

그 묶은 끈을 보니 아까 시장에서 산 것이 분명했다. 생각해 보

니 하늘이 모친 반찬 허술하고 아들의 걸음 늦음을 알고 솔개를
보내 집까지 퀵 서비스로 배달해 주었다는 것이었다.
그래서 정효각 들보에 그려지게 된 그 솔개인 것이다."[60]

그림 165. 김시상 정려의 솔개 그림

그리고 호랑이가 그려진 내용도 다음과 같다.

"김시상이 모친상을 치른 후 하루는 성묘를 가는데 如山大虎가
길목에 떡 버티고 앉아 길을 막고 있었다.
김시상이 호랑이를 꾸짖으며, '너는 山中靈物이요, 나는 人間罪
人이라, 가는 길이 각각 다른데 어찌하여 죽은 어버이 보려고 가
는 사람 앞을 막고 앉았는고? 빨리 산으로 가거라.' 하니 호랑이

60) 티스토리 포항역사랑에서 발췌하였으며, 2024년 1월 5일 사진과 글에 대한 사용을 허
락받았다.

가 물러갔다는 이야기의 그 호랑이인 것이다. 이는 호랑이의 感動에 의한 異蹟이리라.″[61]

그림 166. 김시상 정려의 호랑이 그림

호랑이 이야기는 효자와 관련된 이야기는 많으나 솔개의 이야기는 드물고, 정려각은 대부분 절부의 이야기가 많은데 포항 장기의 정려각과 같이 재미있는 이야기는 더더욱 드문 것이다. 정려각이라도 지나치지 말고 한번 즈음 들려 보면 이와 같은 이야기를 볼 수 있을 것으로 생각된다.

③ 묘비에 보이는 어변성룡(魚變成龍)

물고기가 변하여 용이 된다는 것은 출세를 의미하고, 커다란 변화를 말

---

61) 티스토리 포항역사랑에서 발췌하였다.

하는 것인데 그러한 것은 등용문에서 물고기가 龍이 된다는 뜻도 있다.

그림 167. 어변성룡의 묘

  예천에 있는 이 묘[62]는 이분의 후손과 통화하여 위치를 알아냈으며, 묘
주가 울산군수를 지낸 이력이 있기에 묘를 찾은 것이다. 묘를 답사하여
보니 비수에 모양이 다른데와 달리 어변성룡[63]의 모습으로 되어 있었다.

  비수 向 좌측은 龍이 입에 여의주를 물고, 向 우측은 물고기가 뛰어오르
는 모습을 표현하였다. 묘비는 대부분 쌍용이 여의주를 지키려 표현되지
만 여기의 묘비는 다른 곳과 달리 어변성룡으로 표현되었다는 것이 독특
하다고 생각된다.

---

62) 훼손 가능성이 있어 누구의 묘인지 밝히지 아니한다.

63) 어변성룡으로 보는 시각은 필자의 견해이다.

④ 독특한 이정[64] 선정비

칠곡부사 이담명의 선정비의 비수(碑首)가 독특하다고 소개를 하였는데, 이번에 소개하는 승주부사 이정의 선정비는 명문의 표현이 다른 곳과 달리되어 있다.

그림 168. 승주부사 이정 선정비 1

---

64) 李楨(1512~1574): 본관은 사천(泗川), 자는 강이(剛而), 호는 구암(龜巖). 이맹주(李孟柱)의 증손으로, 할아버지는 이이번(李以蕃)이다. 아버지는 증 호조참판 이담(李湛)이며, 어머니는 진주정씨(晉州鄭氏)이며, 진주에 묘가 있다.

그림 169. 승주부사 이정 선정비 2

　선정불망비나 여러 비석들의 명문을 음각으로 되어 있는 것이 많으나, 승주에 있는 부사 이정의 선정비는 나무 현판에 글을 새기듯이 양각(돌을 새김)으로 되어 있다.

　필자가 전국에 있는 사또들의 선정불망비를 4000여 개를 보았는데, 양

　　　　　　　　　　　　　독특하고 재미있는 문화유산 이야기 下

각으로 되어 있는 명문은 승주부사 이정의 것이 유일한 것으로 추정하고 있다. 그래서 승주부사 이정의 기록을 찾아보니 조선왕조실록에는 승주부사 이정의 기록이 보이지 않고, 승주 부사 시절에 어떠한 선정을 하였는지 알 수 없다. 그리고 부사 이정의 선정비의 뒷면에는 융경원년[65]이라는 기록이 있어, 임진왜란 이전의 선정비이기에 많은 가치를 지닌 것으로 생각된다.

⑤ 시무외인, 여원인의 반대 손 모양

불교에서 시무외인과 여원인은 부처나 보살이 가지는 수인(手印)을 말하는데, 시무외인(施無畏印)은 오른손을 위로 올려 손바닥을 밖으로 향하는 모습을 하고 있는 것으로 두려워하지 말라는 뜻을 지니고 있고, 왼손을 밑으로 하여 소원을 받아들인다는 뜻의 여원인(與願印)이다. 그래서 통인은 부처나 보살이 다 할 수 있는 수인이며, 기원은 아드로쿠티오(Adlocutio)에서 기원을 찾고 있다. 이탈리아 로마의 황제가 손을 들어 청중을 진정시키거나, 식민지 사람들을 지배자로서 어루만지는 형상이 불교로 유입된 것으로 추정된다.

---

65) 隆慶元年은 1567년이다.

그림 170. 손을 든 팔라스 동상 - 조수영 제공

통인(시무외인, 여원인의 별칭)의 수인이 대부분 오른손을 들고 있는
것이지만, 꼭 그런 것만 아니고 왼손을 들고 있는 부처나 보살이 있기에
다음과 같이 소개한다.

그림 171. 홍성 고산사 석불입상

고산사 석불입상은 마을 절터에 있는 것을 고산사로 옮김 것이며, 타원형의 둥근 얼굴에 둥글게 솟은 육계가 있으며 얼굴은 마모되어 선명하지 않지만, 전체적으로 펀펀하고 길쭉한 신체에 통견식의 대의를 입었으며 목 밑에서부터 촘촘하게 둥근 옷 주름이 측면까지 이어지면서 새겨져 있다. 대퇴부에서 양 다리 사이로 신체의 굴곡이 남아 있어 전체적으로 얇은 대의를 걸쳤음을 알 수 있으며, 손은 오른손을 들어야 하나 왼손을 들어 올린 형태인 시무외인이다.

　10년 전에 필자가 왼손을 들고 있는 수인을 취하니, 누군가가 그런 수인이 어디 있냐고 핀잔을 들은 기억이 있는데, 찾아보니 몇 구의 불상에서 보이는 것이었다.

그림 172. 나주 철천리 석불입상

　나주에도 통인의 표현이 왼손이 올라간 부처가 있다. 나주 철천리 석불입상으로 광배와 옷 주름의 표현이 기억에 남는 불상이다.

　　"전체 높이가 5.38m나 되는 커다란 불상으로 하나의 돌에 불신과 부처의 몸 전체에서 나오는 빛을 형상화한 광배(光背)가 조각되어 있다.
　　민머리 위에는 상투 모양의 머리(육계)가 큼직하게 표현되었고, 얼굴은 사각형으로 양감이 풍부하다. 목에는 3개의 주름인 삼도

(三道)가 뚜렷하고, 양 어깨를 감싸고 입은 옷에는 발목까지 늘어진 U자형의 옷 주름이 표현되어 있다. 두 팔은 두꺼운 옷자락 때문에 양 손만이 드러나 있는데 오른손은 손바닥을 밖으로 하여 내리고, 왼손은 위로 향하고 있는 모습이다. 광배는 배(舟) 모양이며, 머리광배와 몸 광배로 구분되는데, 머리광배 안에는 연꽃무늬를 새기고 몸 광배에는 구름무늬를 새겨 넣었다.

찐 얼굴이라든지 비정상적으로 표현된 신체의 모습, 그리고 형식화된 옷 주름 등에서 고려 초기 유행하던 불상임을 알 수 있다. 이 불상은 특히 남원 용담사지 석조여래입상과 크기와 양식이 비슷한 작품이다"[66]

수인이 반대로 된 것은 통인뿐만 아니고 비로자나불에서 보이고 있어, 어떠한 계기로 인해 손의 위치가 바뀐 것으로 생각 되나 정확하게 알려진 것은 없다.

정읍 망제동 석불 입상은 커다란 보관을 쓰고 있는 모습이 눈에 띠며, 손의 위치가 반대인 통인의 수인이다. 처음에 찾아갈 때는 전자안내기 없이 무턱대고 찾아갔더니 길이 헷갈려 몇 번을 물어 갔던 기억이 있다. 그리고 몇 년이 지난 후에 가서 옛 기억을 떠올리며 한참을 바라보고 왔던 석불이다.

"머리에는 마치 갓과 같은 테가 큰 모자를 쓰고 있어 유교적인

---

66) 문화재청에서 발췌하였다.

그림 173. 정읍 망제동 석불 입상

성격이 가미되었음을 알 수 있다. 어깨는 다소 움츠린 모습이며, 턱 밑에는 U자형의 옷 주름이 있다. 배 아래에서는 옷주름이 V 자형으로 처리되었고, 손목 아래에는 3줄의 평행선이 내려지고 있다. 오른손은 어깨 높이로 들어 손바닥을 보이며 손끝은 위를 향하고 있다. 왼손은 마찬가지로 손바닥을 보이는데 손끝이 땅을 향하고 있다.

얼굴 표현과 손 표현에 노력이 집중된 불상으로 민속적인 특색

독특하고 재미있는 문화유산 이야기 下

을 띠고 있다."[67]

마지막으로 전남 담양에도 통인의 반대 수인이 있는 불상이 있다. 담양
의 성도를 처음 갔을 때 이런 곳에 불상이 있을까 할 정도로 외진 곳이었
으며, 여기까지 불상이 있다고 안내한 이홍식 님이 대단하게 보였다.

그림 174. 담양 성도리 석불 입상

---

67) 문화재청에서 발췌하였다.

담양 성도리 도동 저수지에 있는 불상으로 고개를 약간 숙이고 왼손을 들고 있는 모습이다. 무릎 아래는 흙 속에 묻혀 있어 파악할 수 없으며, 광배(光背)를 갖추고 있다. 불상의 머리 모습은 낮은 육계에 소발이다. 코·눈·정수리·오른손 엄지 등이 파손됐다. 양 볼우물이 심하게 오목하고 목에는 삼도가 없으며, 통견으로 옷을 착의하였다. 부처는 전각에 모셔야 하지만 제대로 된 전각이 아닌 곳에 있는 것이 눈에 들어오니 마음이 아프다.

통인의 수인이 오른손만 들고 있으라는 법은 없으며, 왼손을 들고 있는 형태도 있다는 것을 알았으면 한다. 앞에 소개한 불상들이 전라, 충청도에 있는 석불상이라서 특정 지역만 존재하는 것으로 생각할 수도 있지만, 경상도 지역에서도 보이고 있어 어느 특정 지역에서만 나타나는 것은 아니라고 본다.

예를 들면 오른손을 든 불상이 청동불상에서도 보이고 경주 남산 약수곡 마애불도 보여서 지역별 차이나 분포가 어느 한 곳에 집중된 것은 아니라고 생각하는 것이다. 모든 문화유산을 볼 때는 여러 가지 시선으로 보아야 한다는 생각에 시무외인, 여원인의 수인을 예를 들었다.

상, 중, 하권을 마무리하면서

필자는 글을 잘 쓰는 사람이 아니다. 생각나는 대로 보고 느낀 대로 글을 적어 한 권을 책을 만들었다. 문화유산이라는 주제로 글을 썼는데 잘 썼는지 모르지만 돈을 내어 책을 지었다. 처음에는 문화재라는 이름도 생소하였는데, 어느덧 30년 가까이 접하는 시간이 지났다. 그리고 그 시간 속에 시간과 많은 경비를 쏟아 부었다. 그렇게 고생하지 않아도 된다고 하였지만 필자는 묵묵히 물소의 뿔처럼 앞으로 나갔다.

그렇게 9권의 책이 완성되었다.

수많은 시간이 지나 사진도 60여 만 장이 모이고 지식도 축적되었다. 하지만 그것이 끝이 아니다. 공부라는 것은 평생이라는 말이 이제 생각날 정도이다.

'독특하고 재미있는 문화유산 이야기'라는 주제로 책이 마무리 되었지만, 필자의 문화유산 이야기는 앞으로 계속 될 것이다. 재미나는 주제로 글을 쓰면 되겠지만 그러한 것을 염두에 주지 않고 글을 쓸 것이다. 필자만의 독특한 길을 갈 것이며, 다양한 주제로 하겠지만 재미는 없다고 생각된다.

다만 상, 중, 하 권이 오래도록 기억되는 책이 되었으면 하는 바람은 없어지지 않을 것이며, 또한 더 많은 독특한 문화유산을 찾아서 보강 작업도 해야 된다고 본다. 3권의 책은 필자만의 흔적이 아니다. 필요한 천금의 금전과 그리고 성원, 사진 제공 등 많은 분이 도와주신 결과이다. 80 넘게 아들을 위해 고생하시는 모친도 그렇고, 여동생 둘과 그리고 이모, 친구들이 많이 도와주신 결과가 책으로 나타난 것이다. 이렇듯 세상은 혼자만의 것이 아니고 여럿이 어울려 사는 세상이다.

　이에 글을 마무리하면서 도와주신 분께 감사드리며, 책이 많은 사람들에게 도움이 되고 알찼으면 한다.

옥산 이희득

책을 편찬하는 데 도와주신 기관

부산시립박물관

우리옛돌박물관

목인박물관 목석원

책을 편찬하는 데 자문과 도와주신 분들

고령   정이환

서울   이계재

목포   이홍식

포항   이상령

대구   故 강수진

울산   조수영

우리 가족

우리 옛것을 찾는 사람들

의친왕기념사업회 이준

사찰의 문양과 선조의 묘의 비석 등을 양해를 구하지 않고 사용한 점 지면을 빌려 용서를 구하며, 사과드립니다.

그리고 이 책에 소개하지 못한 분들이 많습니다. 모두께 감사드리며 청룡의 해에 행복하고 건강하시기를 기원합니다.